마인드 레볼루션

– 헤어 비즈니스 시장의 판을 바꾸는 여자 –

헤어 비즈니스 시장의 판을 바꾸는 여자
마인드 레볼루션

초판 1쇄 인쇄 2023년 11월 06일
초판 1쇄 발행 2023년 11월 20일

지은이 김민지

발행인 백유미 조영석

발행처 (주)라온아시아
주소 서울특별시 서초구 방배로180 스파크플러스 3F

등록 2016년 7월 5일 제 2016-000141호
전화 070-7600-8230 **팩스** 070-4754-2473

값 19,000원
ISBN 979-11-6958-087-8 (13320)

헤어 비즈니스 시장의 판을 바꾸는 여자

Mind Revolution

마인드 레볼루션

김민지 지음

"MZ직원을 스스로 춤추는 고래로 만드는"

성장 경영의 마법사, MZ세대 멘토에게 듣는다

25살에 살롱 원장, 경영 8년 차
당차고, 새롭고, 놀라운,
민지 원장의 MZ세대 경영법!

MZ세대 직원
협업 노하우!
살롱 10배
성장법!

코로나 불경기에
매출 300%
증가 비법!

RAON
BOOK

프롤로그

성장마인드로의 전환과 꾸준한 노력을 통한 성공의 노하우

경영이란 뭘까? 특히나 가장 미적으로 예민하고 섬세한 성격의 여성들이 압도적 다수의 비율로 근무하고 있으며, 고객의 과반수 이상이 역시 여성인 헤어살롱 업계에서, 도대체 경영이란 어떠해야 하며, 성공하는 경영의 비법이란 뭘까?

경영의 궁극적 목표가 단순히 생산성을 극대화하는 것이라면, 이를 평가할 수 있는 지표는 노동시간당 부가가치 산출량으로 측정되는 노동생산성 뿐이다. 하지만 성장경제학을 연구하던 학자들 중 상당수는 투입된 자본이나 노동량이 생산성 증가에 대해 온전하게 설명하지 못한다는 것을 알았고, 이 계량적 지표만으로 설명되지 않는 '플러스 알파'에 대해 '다요소생산성'이라고 부르기도 한다.

문과생 중에서 가장 수학적이라는 경제학자들이, 막연하게 '다요소'라는 단어로 경제적 부가가치 발생의 원인을 명명했다는 것 자체가 참 아이러니하기도 하다. 하지만, 한편 생각해 보면, 한류, K-POP으로 세계적 인기를 누리며, K-뷰티의 2027년 시장 규모가 16조에 달할 것으로 점쳐지는 이 시점에서, 섬세하기 그지없는 여성 직원과 여성 고객이 압도적으로 다수를 차지한 헤어살롱의 경영에 있어 가장 선제적으로 해결되어야 할 부분이 바로 이 '다요소생산성' 아닐까?

나는 이 '다요소' 중에서 헤어 시장의 판을 바꾸는 결정적 요인을 '마인드'로 생각한다. 그리고 '마인드 레볼루션'을 통해 실제로 나의 살롱 경영에서 획기적인 성장을 이루었고, 이제는 거기에서 그치지 않고 이 깨달음과 노하우를 동종업계의 동료, 선후배들과 적극 나누고자 한다. 물론, 이 과정에서 나 역시 실패가 없었던 것은 아니다. 나의 깨달음 역시 서울 가로수길에 2호점을 거창하게 차렸다가 '시원하게' 말아먹은 뒤에 얻게 되었고, 비싼 수업료를 치른 뒤에 내게 남은 것은 헤어살롱이 '함께, 한 방향을 바라보며 성장하는 조직'이 되려면 무엇을 해야 하는가에 대한 가르침이었다.

이 책 《마인드 레볼루션》(헤어 비즈니스 시장을 판을 바꾸는 여자)는 이런 취지에서 집필되었고, 다음과 같은 구성을 통해 나의 경험과 노하우를 아낌없이 전하고자 하였다.

〈1장〉 '**민지 원장의 마인드 레볼루션**'에서는 살롱 경영의 판을 바꾸는 마인드 레볼루션에 대해 실제로 나의 샵 경영 사례를 통해 설명했다. 최근의 살롱 경영은 이전과는 다른 점이 많다. 직원의 연령대가 소위 요즘 회자되는 MZ세대로 바뀌었고, 심지어 우리 살롱은 원장인 나조차 MZ세대이다.

헤어디자인의 트렌드를 빠르게 반영해야 하는 특성상 헤어/뷰티 직종 종사자의 연령대가 젊을 수밖에 없는 특수성이 있지만, 이는 단순히 연령대의 문제로 그치지 않는다. 문화와 사고, 구성원의 조직력을 하나로 묶어내고 그들을 성장시킬 수 있는 힘의 구심점이 이전과는 다른 곳에 있다. 따라서 이 장에서는 그런 특성을 잘 반영해 직원들의 조직력, 조직 내 소통력, 잠재력을 극대화해 살롱의 성장 경영을 달성하는 방법을 모색했다.

〈2장〉 '**민지 원장의 마인드 레볼루션 실행하기**'에서는 앞서 정립된 마인드 레볼루션의 개념을 실제로 실행해 살롱 경영에 있어서 고객과 디자이너, 디자이너와 파트너, 조직원과 리더 사이에 일어날 수 있는 다양한 조직 내부의 관계들을 살펴보고, 이 속에서 마인드 레볼루션의 교육을 통해 문제해결을 이룰 수 있는 가능성을 나의 실제 사례를 통해 모색했다.

헤어 뷰티라는 직종의 특성상 실제 업무에서 기술적인 부분의 중요성이 매우 큼에도 불구하고, 조직 내·외부에서 발생하는 문제나 고객 컴플레인은 기술적인 부분이 아닌, 소통력과 마인드에서 발생하는 측면이 많다. 따라서 이점을 마인드 레볼루션으로 개선할 수 있는 다양한 케이스와 솔루션을 이 장에서 제시하였다.

〈3장〉 **'민지 원장의 헤어샵 10배 성장제안 : 지금 당장!'**에서는 마인드 레볼루션을 기반으로 특히 헤어 샵 경영에 있어서 드라마틱한 성장을 이룰 수 있는 실제 노하우들을 소개했다. 세상에 뿌리 없이 크는 나무는 없듯, 살롱 경영에 있어서도 사업의 성공을 위해서는 경영과 마케팅의 바닥을 잘 다지는 작업이 필요하다. 경영의 바닥을 다지기 위해서 내 경우에는 직원들의 성장 교육에 각별히 힘썼고, 이들이 내 살롱 경영의 초석이 되었다.

또 마케팅을 위해서는 인스타그램 등의 온라인 홍보와 다양한 마케팅 기법을 꾸준하게 실천해 왔다. 하지만 이때 중요한 것은 매체나 기법이 아니라 '꾸준함'이다. '흐르는 물방울이 바위를 뚫는(水滴穿石)' 것과 같은 지속적인 노력이 결국 사업 성공의 원동력이다. 이런 사고방식으로 고객에게 아른아른 스며드는 브랜드가 될 것을 독자 여러분께 특별히 당부한다.

자영업자 600만의 시대에, 우리 헤어살롱 업계에도 위기와 기회가 분명 함께할 것이다. 부디, 이 책《마인드 레볼루션》을 통해 동종 업계를 함께 가는 동행자 여러분에게도 새로운 기회의 장이 열리기를 소망한다.

김민지

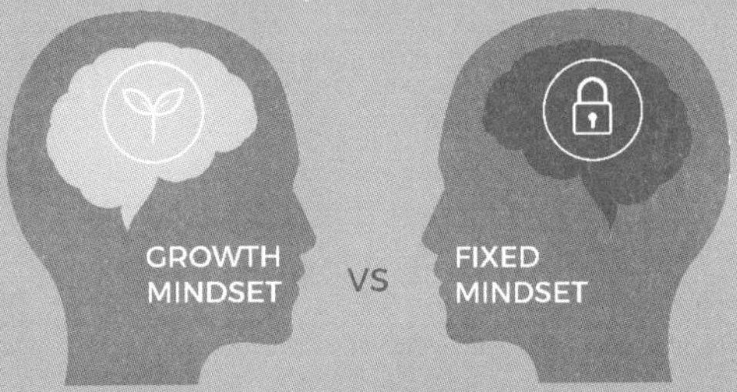
GROWTH
MINDSET
VS
FIXED
MINDSET

차 례

프롤로그 성장마인드로의 전환과 꾸준한 노력을 통한 성공의 노하우 • 4

Chapter.1
민지 원장의 마인드 레볼루션

직원들이 집에 안 가요 • 17
시간과 돈의 가치가 변했다. 고객도 직원도 MZ세대다 • 28
원장의 마인드가 바뀌면 직원들의 에너지는 폭발한다 • 36
마인드가 태도를 결정하고, 샵의 에너지와 매출을 결정한다 • 44
마인드의 한 방향 정렬 없이 마케팅과 세일즈만 하면 망한다 • 53
그만뒀다가도 다시 돌아오게 만드는 샵인가? • 60
오너 이상의 마음의 신뢰를 갖는 직원이 있는 샵인가? • 69
4개월 만에 매출 0원에서 1,600만 원까지 올린 마인드 셋팅의 기적 • 77
직원들을 새장 밖에서 마음껏 날 수 있도록 하라 • 85

Chapter.2
민지 원장의 마인드 레볼루션 필드 실행하기

고정마인드인가? 성장마인드인가? • 97

샵의 존재가치가 있는가? • 104

샵의 핵심가치가 정리되어 있고, 전 직원이 공유하고 있는가? • 110

샵의 목표를 함께 세웠는가? • 119

무의식 트레이닝 • 127

실행, 실행, 실행 • 137

스토리텔링 능력이 곧 실력이다 • 145

사람 때문에 그만두고 싶어요. 이럴 때 어떻게 대처하나요? • 159

매출 1등 vs 헌신 1등, 누구를 선택할 것인가? • 166

공정함과 체계가 중요한 매니저 vs 자유로운 디자이너 • 175

존경하고 싶은 선생님만 도와주는 파트너 vs 지시만 하는 디자이너 • 182

고객에게 컴플레인이 많은 디자이너, 실력보다 이것이 없을 확률 200%! • 189

오너 못지 않게 〈217〉을 위해 뛸 인재가 있는가? • 197

Chapter.3

민지 원장의 헤어샵 10배 성장제안 : 지금 당장!

지금 당장 비전 워크숍을 하라 • 209
시그니처만 잘 잡아도 지역 1등 미용사가 될 수 있다 • 215
7년간 가장 많은 수익구조를 만들어 준 인스타그램 셋팅법 • 220
고객을 만족시키고 충성고객으로 만드는 10가지 노하우 • 227
비수기에도 성장은 계속된다! : 케어 • 237
MZ세대 직원들에게 가장 중요한 아카데미를 통한 성장 레벨교육 • 248
아무리 바빠도 월 미팅은 꼭 진행하라 • 258
억대 연봉 만드는 상담 노하우 세일즈 화법 • 262
고객에게 아른아른 스며드는 브랜드가 돼라 • 275

〈부록〉

성장노트 강의개선 사례

CASE 1. 〈살롱드린〉 사례 • 285
CASE 2. 〈유이프〉 사례 • 290

에필로그 MZ세대 직원들을 움직이고 싶은 원장님들께 • 300

Chapter.1

민지 원장의 마인드 레볼루션

-코로나 시즌 300% 성장의 에너지-

"직원들이 집에 안 가요"

- 스스로 동기부여를 하는 열정의 MZ세대 -

하루는 퇴근 후 물건 가지러 갈 일이 있어서 새벽 12시에 매장에 들렀는데 아직까지 누군가 매장에 남아있는 것이었다. "깜짝이야. 왜 아직도 안갔어?"라고 물어보니 하고 싶은 것, 되고 싶은 게 확실해지니까 잠이 안 온다며 매일 남아서 연습하고 있다고 이야기했다. 이상하게 우리 샵에 들어오면 아이들이 제발 쉬라고, 제발 샵을 떠나라고 말을 해도 쉬지 않고 자기 일에 몰두하는 것을 많이 경험하는 중이다.

또 한 번은 디자이너가 된 지 얼마 안 된 직원이 사람에게 받은 상처들로 한동안 멘탈이 회복되지 않아 괴로워하는 것을 보았다. 그래서 나는 휴가를 일주일만 다녀오라고 권유했다. 그런데 그 친구가 이야기하기를 "바쁜 시즌이잖아요. 다른 원장님들은 제발 일하라고 하는데 원장님은 왜 쉬라고 하세요."하는 것이었다. 쉬다 오면 되살아난 마음으로 더 잘할 수 있으니 매장 생각하지 말고 쉬다 오라 했는데, 쉬기 싫다는 것이다. 대신 자기가 자존감 일기를 원장님께 한 줄씩 보내겠다고 하는 것이다.

위에서 언급한 사례를 포함해서 우리 매장은 원장인 내가 시키지 않아도 직원들이 자발적으로 조기 출근은 물론 심지어 휴무인 날도 출근한다. 이것이 가능한 이유가 무엇일까?

MZ세대의 특성 중 하나는 자신에게 중요한 가치라고 생각되는 부분은 푹 빠져서 시간 투자를 한다는 것이다. 그래서 미용을 선택한 직원들에게 이 일이 얼마나 가치가 있는 일인지 스스로 알아가게 하는 과정을 스탭 때 거쳐야 한다.

매장을 운영하면서 주변 원장님들이나 업계 종사자들에게 가장 많이 받는 질문 중 하나가 "어떻게 하면 직원들이 열정적으로 일할 수 있어요?"이다. 이에 버금가는 하소연이 "직원들이 만날 시계만 쳐다봐요", "칼퇴근하려고 기다리고만 있어요.", "매장 오픈 시간에 딱 맞춰 출근해요." 등이다. 대부분 원장님들이나 리더들은 "내 얘기네"라며 공감하고 어떻게 해결해야 할지 몰라 답답한 상황일 것이다.

이 질문과 하소연에 대한 답은 주어진 상황에 따라 환경에 따라 다를 수 있지만, 우리 매장의 경우는 다음 2가지로 답을 내려보았다.

첫 번째는 애초에 스스로 미용이 좋아 성장하고 싶은 직원들이 우리 매장에 입사하도록 해야 한다. 그러려면 매장 자체가 브랜딩이 되어있어야 한다. 매장이 크든 작든 브랜딩 되기란 쉽지 않다는 선입견이 지배적이나 매장 규모와 무관하게 브랜딩은 필수이고 작은 매장일수록 브랜딩을 반드시 해야 한다. 나는 우리 매장을 다음 단계를 거쳐 브랜딩했다.

1) 분석 : 우선 성장하고 싶은 직원들은 어떤 기준으로 매장을 선택할까를 분석했다. 이들은 매장의 크기, 지역 분위기, 어떤 디자이너들이 있는지, 그 디자이너들의 역량은 어떤지, 어떤 교육 프로그램이 있는지, 이 지역 고객들은 어떤지(젊은 층인지 나이대가 있는 연령층인지) 등을 입사 기준으로 삼고 있었다. 이를 깊게 연구하고 분석해보니 그들이 가장 중요하게 생각하는 것이 교육프로그램이었다. 그들을 성장시킬 수 있는 확실한 교육프로그램이 관건이었다. 교육체계가 없다고 느껴지면 '여기서 보조만 하다가 디자이너가 못 되는 거 아닌가?' 라는 불안함을 느낀다. 그들의 가장 강력한 니즈는 헤어디자이너가 되는 것에 있기 때문에 교육 프로그램을 중요하게 생각하는 것이었다. 경력이 많

건 적건 면접 보는 순간에 가장 많았던 질문은 교육프로그램에 관한 것이었다. 그래서 〈217〉헤어살롱에서는 따로 아카데미를 설립했고 미용실에서 남아서 교육을 받는 형태가 아니라 오로지 직원들의 성장에만 초점이 맞춰진 독립적인 공간을 따로 만들어 그 곳에서 1~6레벨까지 테스트를 거쳐 승급하도록 하고 있다. 또한 디자이너가 되려면 기술만 잘한다고 되는 것이 아니었으므로 세일즈와 서비스마인드, 마인드컨트롤, 경제, SNS마케팅, 퍼스널컬러 진단법 등 다른 미용실에서 가르치지 않는 것까지 다양한 강사를 초빙해 가장 퀄리티 있게 받을 수 있도록 온 힘을 다해 투자하고 있다.

2) 매장 가치관 설정 : 우리 매장이 추구하는 가치관이 명확해야 그 가치관에 맞는 직원들이 지원하고 입사한다. 내가 전국에 성장노트 마인드교육 강연을 하러 다니다 보면 실제로 매장에 가치관이 정확히 정해져 있는 곳도 있었고, 컷 펌의 기술로만 매장을 오픈한 곳도 있었다. 정확한 가치관을 가지고 있던 매장들은 그 매장만의 고유한 분위기가 묻어났으며, 직원들에게도 그 고유의 향기가 배어 있었고, 심지어는 고객마저 그 분위기와 닮아 있었다. 이런 매장은 입사 지원율이 높았으며 어떤 한가지만이라도 특출난 특징들이 있었다.

3) 매장 홍보 : 우리 매장이 이 지역에 존재했다는 것조차 모르는 직원들이 많다. 매장을 8년째 운영 중이지만 초반에 면접을 보면 오랫동안 알고 온 직원들도 있었고, 구인구직 광고를 접하면서 처음 알게 되어 온 직원들도 많았다. 내심 '우리 매장이 이 지역에서는 유명하니까 다들 알아서 보고 오겠지.'라는 오만한 생각을 많이 했었다. 하지만 직원들은 특히 입사할 MZ세대 직원들은 자신이 관심 없는 부분을 잘 알지 못하기 때문에 관심사가 아니었다면 우리 매장에 대해 알 기회도 없었을 것이다. 따라서 우리 매장이 여기 있다는 것조차 모르는 직원들도 있음을 염두에 둔 채 홍보를 해야 한다. 살롱이 여기 있다는 것을 어떤 매체를 이용해서라도 알려야 직원이 구해진다. 인스타, 블로그, 구인구직 사이트, 버스 홍보 등 방법은 여러가지가 있다. 살롱이 이 지역에 있다, 몇 년 차이며, 우리는 이런 것들이 강점이다. 이곳에 오면 꿈과 성장을 보장한다, 함께해야 하는 이유에 대해 설명하고 홍보한다면 우리와 결이 맞는 직원들이 들어 올 것이다. 하지만 이런 것들을 무시하고 '인턴 주제에 알아서 와야지. 우리가 교육프로그램이 제일 좋은데? 도대체 왜 안 와? 생각이 있는 아이들은 우리에게 오겠지.'라고 생각하며 구직 사이트에 한두 페이지 구인한다고 '띡' 올려놓고 올 때까지 기다리는 것은 무모한 짓이다. 우리가 어떤 브랜드인지 그들에게도 고객에게 홍보하

듯 끊임없이 홍보해야 한다.

4) 지속성장 : 우리 매장에 입사한 직원들을 살펴보니 하루아침에 그냥 아무 데나 가자 하고 면접을 보러 오는 것이 아니었다. 몇 달에 걸쳐 지원할 살롱을 검색하고 정보를 찾으며 어디 갈지를 고민하고 온 친구들이 많았다. 이번에도 신입생 면접 기간이어서 면접을 보던 중 우리 매장에 지원하게 된 이유가 무엇인지를 물어보았는데, 자격증을 딸 때부터 합격해서 '〈217〉헤어살롱에 입사해야지'라고 생각하고 합격하자마자 달려왔다는 것이었다. 그 이유가 컷, 펌 기술도 중요하지만 성공한 사람이 되려면 마음가짐, 멘탈이 중요한데 이곳에서는 마인드적인 부분도 많이 성장할 수 있을 것 같고, 〈217〉의 디자이너들처럼 나이가 적든 많든 열심히만 한다면 성공하는 모습을 자기도 꿈꾸고 있다는 것이었다. 이처럼 지속적으로 살롱이 잘되고 있고 성장하고 있는 모습을 보여주면 그들은 꿈을 꾼다. '아, 나도 저기 가서 잘되고 싶다', '나도 저렇게 성장하고 싶다.'라고…. '나는 아직 어리니까, 나는 아직 경력이 없으니까, 나는 파트너니까'라고 자기를 낮게 보는 게 아니라, 〈217〉헤어살롱에 오면 모두가 다 성장할 수 있고 파트너임에도 불구하고 핵심 인재가 될 수 있으며, 여기서는 모두에게 성장의 기회가 주어진다는 것을 나는 계속해서 사람들이 볼

수 있게 끊임없이 어필했다. 그 결과, 그렇게 되고 싶은 인재들이 들어오게 되었다.

5) 콘텐츠 경영 : 특히 MZ세대는 SNS가 활발한 직장에 취업하는 것을 선호한다. 브랜드 인지도가 높다고 생각하기 때문에 SNS를 하지 않는 미용실에 MZ세대 직원이 취업할 확률은 매우 떨어진다. 면접 중 또 가장 많이 들은 이야기가 'SNS 통해 왔어요, SNS 통해 오랫동안 알고 있는 팬이에요, 원장님께 배우고 싶어서 왔어요'이다. 눈물을 보이는 직원들도 있었다. 너무 신기했다. MZ세대 직원들에게 SNS는 이 정도의 파급력이 있다. 생면부지의 사람과 면접 보는 게 아니라, 2~3년 꾸준히 원장인 나를 지켜보며 내적 친밀감이 생겨서 이미 알고 있는 사람과 미팅을 하는 느낌, 그래서 더 정이 가고 배우고 싶으며 존경심마저 품고 오는 직원들이 많았다. SNS는 이제 더 이상 포트폴리오를 쌓는 공간이 아니다. 2023년도에는 구인구직 사이트를 이용해서 면접을 봤던 게 아니라 90% 이상이 SNS를 통해 이뤄졌다. 그들이 하나같이 하던 이야기. "SNS 통해 많이 봤어요." 리더라면 이런 MZ세대 직원들의 성향을 인지하고 더 이상 포트폴리오 목적으로 SNS를 하는 것이 아니라, 누가 보는지, 누구에게 어떤 메시지를 줄 건지 정확히 타깃을 정하여 꾸준히 메시지를 보내야 한다.

6) 이미지 구축 : 우리만의 이미지를 상상하여 떠올릴 수 있도록 해야 한다. '저기 가면 성장 성공할 수 있어. 힘들고 해야 할 건 많겠지만 성장은 확실한 거 같아.' 이런 이미지를 떠올린다면 성장하고 싶은 사람들이 모여들게 된다. 실제로 우리 직원들은 느낌이 많이 비슷하다는 이야기를 듣는다. "〈217〉헤어살롱 식구들은 열정 빼면 시체야. 다들 진짜 열심히 살아." 이렇게 고객님들께 칭찬을 많이 듣는다. 우리는 고객 앞에 겸손하고, 고객들을 위해 항상 배우며, 사람을 만나는 직업이기 때문에 어떤 사람을 대면할지 모르니 많은 정보를 습득하며, 사람과 소통하는 것에 꾸준히 노력하는 매장이다. 이런 노력으로 우리 매장의 슬로건인 '건강한 아름다움으로, 고객들 앞에 내면적으로 외면적으로도 건강한 아름다움을 유지한다'라는 우리만의 이미지를 구축하였다.

두 번째로는, 우리 미용실이 계속 일하고 싶은 환경이어야 한다. 입사를하더라도 매장 환경이 텃세가 너무 심하다거나, 집중해서 성장할 수 있는 조건이 아니라면 성장이 지체되고 비전을 느끼지 못하게 된다. 수능을 앞둔 친구들도 공부할 수 있는 분위기를 집에서든 어디서든 만들어야 공부에 집중할 수 있는 것처럼, 자신이 소망하는 스타 디자이너가 되려면 집중과 환경이 중요하다.

이 과정에서 미용실은 자아실현만 하는 곳이 아닌, 파트너 때부터 목표가 존재하고 이익이 발생해야 한다는 것을 가르쳐야 한다. 성장 마인드, 고정마인드를 배우며 자기가 스스로 성장하고 싶어 입사한 친구들은 좋은 마인드와 태도로 스타트할 수 있지만, 이것은 출발점이지 완성된 마인드가 아니라는 것을 교육해야 한다. 이것을 가르치지 않으면 실수할 수 있는 부분이 바로 '살롱은 사업체'라는 것을 잊어버리고 오로지 '자신이 성장하는 공간'이라 인식하게 되는 상황의 발생이다. 그렇게 되면 매장에는 이익이 나는 것이 아니라 교육생이 들어오는 꼴이 된다.

매장은 그들의 성장으로 인해 이익을 발생시켜야 하는 공간이다. 내가 성장하려는 이유 또한 생산성을 높이기 위함이다. 고객에게 사랑을 많이 받는 디자이너가 되기 위함이지, 성장 그 자체로만 행복을 느끼는 것에 그쳐서는 안 된다. 따라서 성장을 하는 이유가 명확해야 한다.

그럼에도 간혹 배우는 것 자체만으로 만족하는 직원들이 있다. 살롱 교육의 목적 자체가 개인만을 위한 스킬 향상이라면 그 조직은 전체를 위한 조직이 아닌 개개인을 위한 조직이 되고, 회사 전체의 성장이 더디게 된다. 우리의 목적은 공동체이다. 회사이다. 살롱이다. 브랜드이다. 이것이 조직 개개인의 목적이 되어야 하고, 개인의 스킬 향상 이유 또한 이 브랜드를 모든 조직원들이 함께 성장시키기 위함이다. 그렇기 때문에 〈217〉헤어살롱의 목표는 모든 조직원들이 한 방향으로 '〈217〉헤어살롱'이라는 브랜드를 고객 사랑을 듬뿍 받는 기업이 될 수 있도록 함께 만드는 것이다. 그러려면 파트너들은 좋은 교육으로 사랑받는 디자이너가 되어야 하고, 디자이너들은 함께 성장할 수 있는 교육들로 더 빛이 나는 스타들이 되어야 하는 것이다. 근본적인 이 이유가 없이 개인의 역량만 키우는 걸 목표로 한다면 조직의 의미가 없어지고, 개인 목표를 달성해버리면 다음 '넥스트', 즉 '비전'을 쉽게 잃어버린다. 이 때문에 파트너들도 몇 년을 투자해서 디자이너가 되었는데, 막상 디자이너가 되고 나서 목표를 잃어버리고 미용 자체를 그만두는 사람들이 많은 것이다.

이렇게 살롱에서 내 개인 스킬 업의 목표가 아닌, 고객에게 사랑받는 디자이너가 되기 위해, 우리 브랜드를 고객의 사랑을 듬뿍 받는 브랜드로 내가 만들기 위해, 함께 성장하는 공간임을 인식하게 되면 이곳에서 자아실현을 하고 싶고, 꿈을 이루고 싶게 된다.

이처럼 마음이 생기면 시간을 낸다. 나는 시간이 없다는 말은 믿지 않는다. 시간이 없다는 것은 그냥 마음이 없다는 것이다. 마음이 너무 많으면 시간을 어떻게든 내게 되어 있다. 〈217〉헤어살롱의 직원들이 우리 매장에 시간을 많이 내어주는 이유는 스스로 이 브랜드에 마음이 있다는 말이다. 애정을 품고 있다는 이야기다. 그래서 함께 성장시키고 싶은 욕구마저 생긴 것이다. 이 욕구는 다시금 시간을 많이 내어주는 선순환으로 이어진다. 그러면서 아무도 시키지 않았는데도 12시까지 남아서 연습하고 가고, 스스로 열정을 발생시키는 문화가 시작된 것이다.

시간과 돈의 가치가 변했다

고객도 직원도 MZ세대다

미용실을 운영하며 매장의 90%는 MZ세대의 직원들인데 신기하게도 고객님들 역시 이들의 연령대와 비슷한 분들께서 찾아주신다. 세대가 많이 차이나지 않는 선에서 고객님들이 방문해 주시는 것을 파악할 수 있다. 나는 사실 MZ세대라고 분류하고 싶지는 않고 디지털이 발전을 빠른 속도로 발전한 이후부터의 세대들은 소비 패턴이나 특성이 다르기 때문에 경영하면서도 반드시 알아야 할 내용이기 때문에 이 책을 통해 수많은 MZ세대와 마인드 경영을 하며 능률을 올린 사례들을 이야기해보도록 하겠다.

많은 원장님들이 "MZ세대를 데리고 경영하는 게 힘들어요, '라떼'는 안 그랬는데, 너무 생각과 가치관이 달라서 어떻게 해야 할지를 모르겠어요."라는 고민들을 내게 종종 인스타 디엠을 통해 털어놓으시곤 한다. 앞으로 우리는 계속해서 이 일을 고민할 거고, 세대 차이, 문화 차이가 나는 것을 인정해야 할 것이다.

이런 경우 2가지 솔루션을 드렸는데, 하나는 그들을 데리고 일을 할 거면 그들이 어떤 특성, 어떤 강점을 지녔는지 파악하고 협력해서 가는 방법이고, 다른 하나는 MZ세대와 일을 안 하는 방법이다. 간단하다. 내가 이 직원들을 데리고 경영하고 사업할 거라면 그들에 대해 연구하고 배우고 함께 가는 방법을 찾아야 한다. 반대로 싫고 힘들고 안될 것 같으면 함께 일하지 않는 것도 방법이다. 또한 우리가 함께 일하는 직원들이 MZ세대라면 고객도 MZ세대일 확률이 높은데, 이들은 특징, 성향, 소비 패턴도 많이 달라졌기 때문에 앞으로의 시장을 위해 배우고 연구해야 한다.

나는 직원도 고객처럼 바라보라 말하고 싶다. 직원이 행복해야 고객에게 행복을 줄 수 있고, 고객이 행복해야 또한 그 직원이 행복할 수 있다. 따라서 따로 떼어 분류하지 말고 고객과 직원을 함께 바라보며 MZ세대 경영법에 관해 이야기해 보도록 하겠다.

MZ세대는 디지털 기술이 발달된 시대에 태어나면서 친구들과 만나서 대화하는 시간보다 친구들과 디지털로 만나 채팅하는 것이 익숙한 세대임으로 이전과 다른 소통방식을 선택해야 한다.

첫째, 이들은 디지털에 익숙하다. 예전 시대의 고객 응대 방법으로는 전화해서 이것저것 물어보시는 고객님들이 많았는데, 현재 고객님들은 웬만하면 전화보다는 인터넷에 상세한 정보가 나와 있기를 원한다. 그것을 보고 선택할지 말지를 생각해 보는 것을 선호한다. 전화로 이것저것 물어보고 예약을 안 할 수도 있는데, 그런 모든 것들이 감정적으로 불편하다는 것이다. 또한 채팅으로 직원과 상담하기를 희망하고 자기가 원하는 시간대에 편하게 예약할 수 있는 시스템을 선호한다. 맘에 드는 디자인이 있더라도 만나서 이런저런 깊은 이야기는 하고 싶지 않고, 그 전에 금액과 모든 상담을 어느 정도 하고 난 후 매장 방문하기를 희망한다.

또한 디자인마저도 어느 정도 내게 어울리는 디자인인지 아닌지를 인스타나 블로그를 통해 분석하고 관찰하고 오는 것을 선호한다. 예전에는 고객님이 매장 방문했을 때부터가 고객 응대의 시작점이었다면, 지금은 고객님이 내 인스타나, 블로그를 찾아보고 그곳에 디자인 사진을 보며 '어떤 헤어를 하지?'를 고민하는 그 순간부터 고객 응대의 시작점으로 보아야 한다. 따라서 디지털시대에 특화된 이들 세대는 SNS를 통해 정보를 수집하고 구입할지 말지를 결정한다는 것이다.

그렇기 때문에 요즘 시대에 맞춰 고객 응대가 잘 돼 있는 디자이너들은 매출을 많이 올릴 수 있는 것이고, 그러한 정보가 잘 안 되어 있거나 심지어 아예 없다면 온라인 유입 고객을 통한 매출을 발생시키기 어려운 것이다.

이를 모르는 세대들은 "왜 SNS를 해야 하는지…, 실력만 좋으면 됐지"라는 말로 이런 현상들을 부정하고 이해조차 하지 못하고 있다.

만약 내 고객의 연령층이 40~50대라면 또 그 타깃에 맞춘 다른 방법을 선택해야 되겠지만, 내 타깃층이 20~30대라면 디지털로 인한 소비 패턴은 계속 더 상승될 것이라 파악된다.

둘째, MZ세대는 소비할 때 가치를 꼼꼼히 따진다. 나에게 소중한 가치라고 생각되는 부분은 금액을 아끼지 않는 경향이 있다. 반면 나에게 필요 없는 가치라고 여겨지는 것들은 과감히 소비를 포기한다. 이런 특성에 관해 김난도 교수님이 《트렌드 코리아(2023)》에서 간파하신 "중간이 사라지는 시대"라는 표현에 전적으로 동의한다. 또한 이들은 개성이 너무 강하기 때문에 '취향 저격'이라는 말이 있듯 현시대에도 아무리 좋은 제품, 서비스라 할지라도 나와 취향이 맞지 않으면 구입하지 않고 있어 취향을 저격하는 마케팅을 이용하라고 말하고 싶다.

고객님들의 소비 패턴을 보면 정말 하고 싶은 디자인에는 돈을 아끼지 않고, 오히려 단순한 디자인에 대해서는 셀프 염색이나, 셀프 스타일링으로 소비를 전혀 하지 않는 모습을 볼 수가 있었다. 그렇기 때문에 고객에게 '상품을 어떻게 팔까?'를 고민하는 것보다, 내게 오는 고객님은 어떤 고객인지 고객의 특성을 연구하고, '그들에게 어떤 가치를 줄 수 있을까'를 연구하며, 그들이 헤어 디자인을 통해 어떤 니즈와 욕구를 실현하고 싶은지를 파악해야 사랑받는 디자이너가 될 수 있다.

우리가 함께 일하는 MZ세대 직원들도 마찬가지이다. 이들은 개인의 삶과 가치를 중요하게 여기기 때문에 매장에 일하는 모든 행위가 자신에게 중요한 가치로 연결되지 않는다면 시간 투자, 비용 투자를 하지 않는다. 이들은 자신에게 중요한 가치라고 생각되는 부분에만 힘을 쓰며, 그렇지 않은 부분은 시도조차 하지 않는 경향이 있기 때문이다. 따라서 많은 원장들이 고민하듯 "직원들이 퇴근 시간만 기다려요, 너무 워라밸만 따져요, 매장에 있는 내내 시계만 봐요"라는 이야기가 나오는 것이다. 그들에게 미용실에서 일하는 모든 행위가 '힘든 것, 내 삶을 불행하게 만드는 것', '이 시간이 빨리 끝나고 내 개인의 행복을 누리는 시간을 가지고 싶다.'는 느낌을 주며, 살롱이 벗어나고 싶은 공간이 되는 것이다.

나는 이러한 직원들의 특성을 너무나도 잘 알고 있다. 그렇기 때문에 이 책을 집필하고 있으며 '마인드 경영'이라는 성장노트 마인드 교육을 통해 내게 중요한 가치가 뭔지 함께 파악하고 그것을 실현할 수 있는 공간이 〈217〉헤어살롱이 될 수 있게 노력하는 것이다.

그러나 이들은 항상 경쟁 속에서 치열하게 살아왔으며, 늘 새롭게, 두려움 없이 도전하고, 남과 다른 독특한 자신만의 매력을 찾아 노력하는 세대이다. 따라서 스스로 미용실에서 하는 모든 행위에 가치를 느끼고 동기부여만 확실하다면 그 어느 세대보다, 누구보다 더 성공할 수 있는 세대들이다. 이들은 통통 튀는 매력과 다양한 경험을 많이 한 세대이기 때문에 폭넓은 시야를 가지고 있다. 이 장점을 목표를 설정하고 비전을 만들어 실현시켜 준다면 매장과 조직에 대체 불가한 인재가 될 수 있다.

사실 나 역시도 내게 중요한 가치가 있다고 생각하면 돈을 아끼지 않고, 내가 생각했을 때 관심사가 아닌 부분에는 돈을 쓰는 것이 아깝다. 나는 패션 소비를 할 때도 신발은 비싼 걸 사는 반면, 의류는 비싼 것을 사는 것을 즐기지 않는다. 나는 내가 성장할 수 있는 교육에는 수백 수천을 써도 아깝지 않은데, 사라질 것에 대해 돈을 많이 쓰는 것은 너무 아깝다. 이처럼 내가 돈이 없는 것은 아니지만, 중요한 것은 내가 어디에 관심이 있으며, 나의 소비성향이 어떠한가에 따라 돈을 쓴다는 점이다.

마찬가지로 살롱 경영에 있어서도 고객의 소비성향을 잘 파악하는 게 중요한데, 이를 크게 3가지로 나누어 볼 수 있다.

1. 나에게 중요한 가치라고 생각되면 금액이 비싸도 얼마든지 지불하는 고객
2. 사람들 리뷰를 꼼꼼히 확인하고 방문하는 고객
3. 할인 이벤트 기간을 체크해 두었다가 해당 기간에 구입하시는 고객

이처럼 모두가 다 똑같은 건 아니기에 고객의 성향 파악도 중요하다. 따라서 고객의 유형에 맞게, 각각 다른 시스템을 적용할 수 있게 해줘야 한다. 가령, 내 경우에 교육 아이템은 누구보다 발 빠르게 구입하는 경향이 있지만, 카메라나 노트북 같은 건 중고나 저렴한 기본템을 사거나 할인할 때 산다. 내가 관심이 있는 것에는 큰돈이어도 과감히 지불하고 관심이 많지 않은 것에는 끊임없이 비교하고 따져볼 수밖에 없다. 그렇다고 우리 매장에 오시는 모든 고객을 돈을 쓰는 고객, 돈을 쓰지 않는 고객으로 나누면 실패할 확률이 높다. 같은 지출을 하더라도 현명한 소비를 원하시는 고객, 다른 부분은 소비를 많이 하시는데 뷰티 부분은 할인할 때 소비를 하고 싶은 고객 등 고객의 유형이 다양하다는 것이다. 뷰티에 돈을 쓰는 분들은 진짜로 돈이 넘치고 많아서가 아니라, 뷰티에 가치가 있다고 느끼고 여기에 소비하는 것이 행복하기 때문에 과감히 지출하는 고객들이 더 많을 것이다.

특히 MZ세대의 고객들은 현명한 소비를 원한다. 그들의

강한 니즈는 '내가 이 돈을 쓰는 게 현명할까? 정말 가치 있는 고객에게 돈을 쓰고 싶다.'라고 생각하기 때문에 그것을 만족시킬 수 있는 프로그램이 있어야한다. 그래서 〈217〉에서는 트렌디한 고객님들을 위한 전문 제도를 이용하고 있다. 8년간 운영하며 디자이너 각각의 전문 분야를 만들어 시그니처 운영을 하고 있다. 태슬컷만 파는 디자이너, 펌만 파는 디자이너, 남성 전문 디자이너, 이렇게 분류를 하여 트렌디한 스타일을 전문적으로 하는 디자이너 지정을 통해 니즈를 충족할 수 있게 한다. 또 매달 이벤트를 통해 현명한 소비를 할 수 있도록 다양한 소비 프로그램을 만들어 운영하고 있다.

그리고 후기를 보고 결정하시는 고객님들을 위해 8년간 운영하며 단 한 건도 후기 조작이나, 업체를 이용한 후기를 만들어 내지 않았고, 사실 그대로의 진정성 있는 후기를 볼 수 있게 하였다. 나는 리뷰를 4,000~ 5000개 많이 쌓자는 목표가 아닌, 우리 매장을 경험하여 정말 이미지가 변신되고 일상이 행복해진 고객님들의 진정성 있는 후기들을 받는 것을 목표로 한다. 불만족하신 고객님들도 그 의견을 받아들여 이를 거울로 삼아 더 나은 시스템을 만들려고 노력하고 있다. 시대에 따라 가치는 변화하고 있으며, 〈217〉 역시 시장의 흐름에 따라 변화할 수 있는 성장마인드가 셋팅되도록 하는 것이 곧 우리의 목표이자 경쟁력이다.

원장의 마인드가 바뀌면 직원들의 에너지는 폭발한다

전국을 다니며 미용인 마인드 교육을 하다 보니 생각보다 수많은 미용실 원장들이 원장의 영향력이 얼마나 많은 조직원들에게 영향을 미치는지, 본인이 얼마나 중요한 일을 하고 있는 건지, 본인이 이 살롱에서 얼마나 큰 역할을 하고 있는 건지 잘 모르고 있었다. 미용실이라는 특성 때문에 고객님의 헤어 디자인을 하는 원장이라면 고객과의 사이만 깊게 생각하지 직원들과 원장의 사이를 깊이 생각하는 경우가 드문 것이다. 직원이 한 명에서 두 명, 두 명에서 세 명으로 점차 늘어가면 그때부터 '아, 우리 직원들이 이렇게 늘어가고 있는데 내가 직원들을 위해 뭔가를 해야겠구나.'하고 생각이 든다. 하지만 직원이 1명만 있어도 우리는 경영을 해야한다.

원장의 한마디 한마디가 직원들에게는 비전이 되기도 하고 꿈이 되기도 하고 소망이 되기도 한다. 원장의 행동 하나하나가 직원들에게는 가르침이고, 원장의 태도 하나하나가 앞으로 살롱 방향성이 되기도 한다. 그렇기 때문에 마음 가는 대로, 감정적으로 일을 해선 안 된다. 단 1명의 직원이 있더라도 원장은 리더십을 갖춰야 한다.

리더십은 '완성형'이 아닌 '과정'이다. 사람들에게 영향을 미치는 모든 과정을 리더십이라고 하는데 매일 매일, 1분 1초 내 태도, 행동, 말투, 모든 것이 조직원 모두에게 어떤 영향을 미칠지 생각해봐야 한다.

한 번은 이런 적이 있었다. 성장 교육을 통해 직원들과 긴밀한 소통을 하고 있다고 생각했는데, 어떤 직원이 "왜 나는 이렇게 못할까, 다른 사람들은 매출 2000~3000씩 하는데, 나는 왜 열심히 하는데 안 되나?"라고 질문하는 것이었다.

나는 내 생각을 이야기했다. 서울과 지방은 다르다고. 그리고 집에 돌아와서 후회했다. 내가 늘 한계는 없고 하고자 하면 다 된다고 이야기했는데, 정작 내가 로컬과 서울을 구분 짓고, 서울에서는 되고 지방에서는 안 되는 이유를 논한 것이다.

진짜 서울은 되고 지방은 안 되는 것일까? 내가 도대체 왜 그런 말을 한 것인지 후회스러웠다. 많은 직원들이 이야기한 것처럼 서울은 인구가 많고, 서울은 사람들 생활 수준이 발달해 있으며, 유행에도 민감하다는 등등 여러 이유로 서울보다 로컬이 못하다는 편견을 품고 있었던 것이다. 그래서 나는 고정관념을 깨기 위해 이 작고 작은 로컬에서도 3,000 이상 매출을 올릴 수 있음을 직접 증명하였다. 그때 나는 내 언행의 부끄러움을 바탕으로 다시는 서울과 로컬을 구분 짓지 않았으며, 내 강점을 바탕으로 전략을 잘 짜면 로컬에서도 잘될 수 있다는 점을 강조했다.

당시 나의 사례에 비추어 보았을 때, 리더가 반드시 명심해야 할 사항 두 가지는 다음과 같았다.

1. 나의 언행이 그들의 비전이 되기도 하고 절망이 되기도 한다. 신중하고 또 신중하게 이야기해야 한다.
2. 나의 행동이 그들의 미용인으로서 평생습관을 좌지우지 한다. 내 행동 하나가 모범이 되어야 하고, 내 언행과 삶이 일치해야 한다.

그 후 습관이 된 것이 "이 이야기를 하면 이 직원에게 어떤 영향을 미칠까? 좋은 영향일까? 안 좋은 영향일까?"를 고민하고, 그가 성장할 수 있는 방향이라면 이야기하고, 그렇지 않고 혼란만 주는 말이라면 하지 않는 것, 말을 아끼는 것이었다. 그것이 리더가 지닌 중요한 영향력을 신중하게 발휘하는 방법 중 하나였다.

나는 평소 리더가 해야 할 일을 3가지로 분리해보았다.

첫째, 동기부여 : 내가 성장노트 교육을 시작했던 이유도 이것이다. 하루는 직원에게 "미용하는 거 즐겁냐"라는 질문을 했을 때 "먹고 살려고 하는 거다. 행복해서 미용하는 사람이 몇이나 되겠냐"라는 답변을 듣고 원장, 즉 리더에게 가장 중요한 것은 직원들에게 동기를 부여할 수 있는 것이라고 생각했다. 이 일을 사랑할 수 있게 해주고, 인생에 얼마나 소중한 가치인지를 깨닫게 해주는 것 자체가 리더의 역할이다. 우리는 많은 스승에게 컷, 펌, 염색의 기술을 배워 이 자리까지 와서 성장했다. 하지만 우리는 스승이 아닌 리더이다. 리더는 기술만을 가르치는 사람이 아니다. 그들이 생각, 정신의 성장과 동반해 기술도 성장하여 스스로 에너지를 내고 자립할 수 있게 만들어 주는 것, 그들 스스로 생산성 높은 디자이너가 되게 만들어주는 것 그것이 리더의 역할이다.

그렇게 하려면 리더의 그릇이 중요하다. 리더의 그릇은 그가 가진 인품, 마인드, 태도, 전문성 등 모든 것을 계속해서 발전시키고 변화하려 노력해야 한다. 누구보다 끊임없이 에너지를 내야 하는 자리임을 잊지 말아야 한다. 그리고 매장에서 직원들과 함께하다 보면 나의 사소한 모든 것을 직원들이 따라 하는 것을 볼 수 있었다. 내가 하지 말라고 강조하던 것을 내가 하고 있다면 고칠 수 있도록 노력해야 한다. 말과 삶이 일치해야 한다.

둘째, 조직문화 : 앞장에서 설명했듯, 우리 매장에서 직원들이 집에 늦게 가는 이유, 시계만 쳐다보고 빨리 끝나길 바라는 마음이 아닌, 퇴근 후에도 연습하는 문화는 하루아침에 완성되는 것이 아닌, 몇 년의 시간 동안 만들어진 우리 〈217〉만의 문화이다. 성장하기 위해선 시간 투자를 해야 하고 나의 꿈을 이루기 위해 누가 시켜서가 아닌, 스스로 에너지를 내고 시간을 만들고 그 시간을 투자하는 것, 이것이 우리가 추구하는 우리 살롱의 문화이다.

이러한 문화는 리더로부터 시작된다. 리더가 어떤 가치관을 가지고 있느냐에 따라 살롱의 문화가 좌우된다. 리더가 "빨리 퇴근하고 싶다"는 말을 자주 한다든가, "퇴근 후 술 먹으러 가자"라는 말을 한다든지, 술 먹고 다음날 "피곤하니까 한 시간 늦게 출근해" 등 규칙성이나 일관성 없는 생각과 태도를 보인다면 이는 곧 살롱문화로 자리 잡아 버리고, 다시는 돌이킬 수 없는 지독한 조직문화로 자리 잡게 된다.

한 번은 친한 원장님께 전화가 걸려 온 적이 있었다. 직원들이 계속해서 퇴사한다는 것이었다. 그래서 그 매장을 자세히 들여다보니 오너 자체가 출근을 하지 않고 시스템이 없는 상태에서 직원들에게 막중한 임무만 맡기는 것이었다. 그리고 해외여행, 국내여행, 골프 치러 다니는 삶을 인스타에 공개적으로 올리는 모습을 보며 직원들은 '이곳에서는 내 미래가 없어, 비전이 없어'하고 떠나가는 것이다.

리더의 모든 것은 살롱에 반영된다. 어떤 살롱이 되고 싶은가? 구성원을 어떻게 만들어 갈 것인가? 이에 대한 해답은 '어떤 리더가 될 것인가'에 달려있다.

셋째, 성과 : 이익이 없는 사업은 사업이 아니다. 마인드 경영을 해야 한다고 하면 착각할 수 있는 부분이 있는데, "모든 것을 직원의 이야기를 듣고 수용해줘"라는 소리가 아니다. 잊지 말아야 할 것은, 우리는 사업을 하고 있고, 조직원들은 그 사업체를 성공적으로 이끌어가기 위한 파트너라는 점이다. 그 안에서 고객들에게 질 높은 서비스를 제공하고 고객에게 사랑받는 살롱으로 만들기 위해 서로 협력해나간다는 것이다.

나는 작은 미용실을 경영하지만 한 번도 이익을 못 낸 적이 없었다. 매장을 오픈한 첫 달부터 이익을 발생시켰고, 이익 없이 '시간 지나면 나도 좋아질 거야'라는 막연한 생각으로 버티는 사업을 하지 않았다. 더 큰 조직을 만들기 위해 마인드 경영을 통해 능률을 올리고, 조직에 성과를 높이고 생산성을 만들어 내야 한다. 리더는 조직원들이 더 많은 능률과 성과를 올릴 수 있도록 격려하고, 제안하고, 지시하고, 모니터링 해주어야 한다.

성과가 없고, 발전이 없는 곳은 피드백을 하지 않는 것을 많이 보았다. 무엇을 개선해야 할지 피드백하지 않는 조직은 더 이상 성장이 없다. 피드백 문화를 통해 고객과 소통하고, 끊임없이 개선사항을 이야기하며, 발전하는 모습을 갖춰야 한다. 이때 중요한 점은 리더가 자기가 생각했을 때의 개선사항만 이야기하는 것이 아니라 조직원들끼리 회의를 통해 그들의 이야기를 들어보고, 리더가 수용해야 할 점은 없는지 건의사항이나 피드백을 받아야 한다는 것이다. 많은 미용실 원장들이 조직원들의 피드백에 대해 이를 버릇없다고 생각하는 경우가 있다. 그런데, 이것은 사업이다. 직원들이 고객에게 들은 불만 사항도 있을 것이고, 일하면서 불편한 사항이나 개선하면 좋을 점이 그들도 계속 떠오를 것이다. 이를 받아들여 시스템을 개선하는 것은 사업의 발전에 필수적 요소이다. 시스템이 없는 곳에서 '직원들이 알아서 잘하겠지'라는 마음은 오너 자신만의 이기적인 생각일 뿐이다. 특히 나는 성과를 내기 위한 시스템을 만드는 과정에서 다음의 세 가지 방법을 중요하게 생각한다.

첫째, 리더의 모니터링 : 함께 성장노트를 작성하며 그들이 뭐가 필요한지를 들어주고, 그들의 강점을 알며, 그 강점을 더욱 개발할 수 있게 도와준다. 목표 설정할 수 있도록 함께 도와주고, 목표를 이룰 수 있도록 중간중간 모니터링을 해준다. 이때 면담이나 성장미팅, 혹은 성장회의를 하는 것이다

둘째, 피드백 문화 : 샵 전체가 날짜를 정해 동그랗게 모여

피드백을 실시한다. 이때 주의점은 감정이 개입되지 않게, 뭘 들었는지, 요즘 뭘 깨닫고 있는지, 지금 뭐부터 실천하면 좋을지, 이 세 가지 순서로 돌아가면서 진행한다.

셋째, 성공과 실패의 원인에 대한 분석 : 분석하지 않으면 같은 실수를 반복하게 된다. 왜 매출이 올랐는지, 왜 떨어졌는지, 고객은 왜 우릴 찾아주었는지 분석하며 고객의 니즈에 맞춰 다른 이벤트나 시스템을 구상하는 것이다. 고객을 위한 프로젝트들이 계속해서 만들어질 때 고객들과 직원들은 살아 있는 살롱임을 느낀다.

조직의 구성원은 리더의 그림자를 보고 성장한다. 마치 아이들이 부모의 언행과 행동을 따라 하듯, 직원들도 원장의 언행과 가치관, 그리고 행동들을 따라 하므로, 원장이 에너지 넘치는 성장 마인드를 갖추고 있으면 직원들의 에너지 역시 이에 영향을 받아 자신들의 잠재력과 능력을 폭발시키게 마련이다. 매장을 열정으로 폭발시키고 싶다면? 원장부터, 리더부터 에너지와 열정을 폭발시켜야 한다.

마인드가 태도를 결정하고 샵의 에너지와 매출을 결정한다

원장의 에너지가 직원들에게 비전과 에너지를 심어줄 수 있다면, 직원들의 좋은 마인드와 에너지는 고객에게 감동으로 연결된다. 고객 감동은 곧 매출로 연결된다. 많은 미용사들이 매출을 많이 올려 스타 디자이너가 되고 억대 연봉이 되는 것을 꿈꾼다. 고객 사랑과 감동 없이 오로지 매출에만 관심 있는 디자이너는 수단과 방법을 가리지 않고 마케팅이며 모든 일에 적극적으로 참여하기에 처음에는 풀예약으로 매출을 높인다. 하지만 고객 감동으로 이어지지 않으니 재방률이 낮아지게 되고 시간이 지나면서 고객들의 이탈률이 높아져 꾸준히 성장하기가 어려워지는 경우를 보게 된다.

우리의 목표는 돈을 많이 버는 디자이너가 아닌, 고객에게 사랑받는 디자이너가 되는 것이어야 한다. 고객 감동을 주는 디자이너가 되는 것을 목표로 삼아야 한다. '나는 지금 매출에 치중하는 디자이너인가, 아니면 내 고객과 소통을 하며 고객에게 가치나 감동을 주는 디자이너인가?'에 대해 생각해 볼 필요가 있다. 한 번은 매장에서 이런 이슈가 있었다. 네이버 예약이 없었을 시절에는 전화 예약을 하거나 매장에 와서 기다리는 문화였다. 그때는 고객들이 줄을 서서 기다리고, 예약하고 오지만, 예약제를 모르는 고객님들이 더 많았기 때문에 기다렸다가 머리를 하시는 고객님들도 많았다. 엄청 많이 기다리는 고객님들에게도 조금만 계시면 금방 해드리겠다고 기다려 주셔서 감사하다고 표현하고 정성껏 헤어를 해드렸다. 네이버 예약이 생기고 난 이후부터의 매장 디자이너들이 5분만 늦어도 고객에게 전화하여 언제 오시는지, 더 늦으시면 헤어 시술을 받기 힘들어진다고 안내를 하기 시작한 것이었다.

나는 이것을 직원의 입장에서도 생각해 보고 고객의 입장에서도 생각해봤다. 직원들의 입장에서는 어떠한 의도가 있는 것이 아니라 다른 예약고객님이 피해를 볼까 봐, 그 지각하시는 고객님 때문에 제시간에 예약 후 와주신 고객님들의 불만이 생길까 봐 그렇게 대처하는 것이다. 하지만 반대로 고객의 입장에서 볼 때, 미용실에서는 바빠지면 20~30분씩 기다리게 해놓고, 손님에게는 5분 늦었다고 핀잔을 주거나, 열심히 가고 있는데 시술받을 수 없다고 이야기하는 것이다.

우리는 이 두 가지의 상황에서 어떤 선택을 해야 하는지 생각해 볼 필요가 있었다. 모든 경영 방식에 정답은 없겠지만, 우리 매장에서는 고객 중심이 되기로 생각했다. 우리의 목표는 매출만 올리는 디자이너가 아닌, 고객 감동을 주는 디자이너이기에 지각하신 고객님도 내 고객님, 제시간에 오시는 고객도 내 고객이라는 것이다. 그 두 분에게 모두 만족과 감동을 주기 위해서는 내 태도가 중요한 것이다. 지각한 고객님을 똑같이 지각한 만큼 기다리게 한다거나, 지각했다고 핀잔을 주며 무안하게 한다거나 하는 행동을 하지 않기로 우리끼리 다시금 약속했다. "늦으셔서 못해요, 늦으셔서 시술 못 받아요."하며 건성으로 귀찮은듯이 대답한다면? 그 태도로 인해 시술이 만족스럽다 하더라도 고객들은 다시는 재방하지 않을 것이다. "앞에 예약 시각에 맞춰 도착한 고객님 먼저 시술해드리고 조금만 기다려 주신다면 중간에 시간 날 때 최대한 빠르게, 예쁘게 시술해드리겠습니다. 조금만 기다려주세요~. 그때까지 맛있는 차와 간식 준비해드리겠습니다."하고 정성껏 전달한다면 고객은 그 태도에 감동하여 기꺼이 그 시간을 기다려 줄 것이다. 또한 지각을 했다는 것을 누구보다 고객이 잘 알고 있기에 친절한 미소와 좋은 태도로 양해를 구했을 때 오히려 감사하며 기다려 준다는 것이다.

이런 소통법은 미용업에서는 꼭 필요한 방법이다. 어떤 문제에 부딪혔을 때 기계와 사무적으로 해결할 수 없는 것이 미용업인데, 사람과 사람이 만들어나가는 문화이기 때문이다. 사람이 핵심인 사업인데, 사람의 감정을 기계적으로, 사무적으로 해결할 수는 없는 노릇 아닌가. MZ세대 직원들에게 가르쳐야 할 것은 사람의 마음이다. 우리가 하는 업은 결국 사람을 아름답게 하는 일이며, 사람을 행복하게 하는 일이기 때문에 머리를 제아무리 잘하는 미용사라 할지라도 고객이 불쾌하고 실망하면 그걸로 끝인 것이다. 재방도 없고 소개도 없다.

이렇게 가르치고 난 이후부터는 5분 늦었다고 전화하는 디자이너는 없어지기 시작했고, 늦더라도 정성껏 매뉴얼과 시스템에 대해 설명하고, 고객 감동으로 이어질 수 있게 노력하고 있다. 따라서 〈217〉에서는 5~10분 정도의 시간은 전화를 하며 부담주지 않고 기다려 주고, 30분 이상 늦어질 때 전화를 하며, 노쇼나 당일 취소가 많은 고객들에게는 별도 안내를 하여 피드백을 해드리고 있다. 너무 자주 노쇼를 하신 고객님들에게는 양해 말씀을 드리고 예약이 어려울 수 있다는 것을 공지하고 있다.

직원들의 마음 상태와 태도는 샵의 이미지를 만든다. 직원들이 시무룩하거나 우울감에 빠져있을 때는 매장 전체에 비바람이 몰아친다. 고객이 아직 오지 않은 매장 오픈 청소 때도 마찬가지이다. 고객을 맞이할 시간뿐 아니라 고객이 오시기 전 준비 시간부터 에너지를 단전에서 끌어 올려야 한다.

하루는 이런 일이 있었다. 매장 오픈 전 청소시간에 꽤 일찍 도착한 고객님께서 매장이 썰렁하니 물어보았다.

"오늘 휴무날인가요?"

"아니요! 저희 아직 오픈 전이라서요."라고 대답했지만, 너무너무 부끄러웠다. 매장에 나와서 고객을 맞이할 준비 시간조차 고객 응대를 철저히 했어야 했다. 근본적으로 고객을 맞이하기 위해 청소도 하고 준비를 하는 건데, 고객이 들어왔는데 '이 시간은 청소 시간이야, 오픈 전 시간이야, 그러니까 고객님이 들어와도 고객님이 일찍 온 거야'라는 분위기를 풀풀 풍긴다면 고객은 뻘쭘하고 민망하셨을 것이다. 우리와 고객의 입장은 너무나도 다르다. 우리는 이런 사람의 심리와 마음에 대해 이해도가 높아야 한다. 오픈 청소시간에도 언제 오실지 모를 고객을 위해 노래를 틀어놓고 혹시 일찍 도착하신 고객님은 없는지 항시 체크를 하며 고객 맞을 준비를 해피하게 해야 한다. 고객님이 이 공간에 들어왔을 때 우리의 에너지를 깊이 느낄 수 있도록. 모든 준비가 다 끝나면 콧노래가 저절로 나와야 한다. 오늘은 어떤 고객을 만나게 될까 설레는 마음으로 기다리면 고객들도 행복한 마음을 느끼게 된다.

직원들 전체가 화사하고 밝은 날엔 매장 전체가 살아 숨쉬고, 고객들도 그 안에서 긍정적인 에너지와 행복을 느낀다.

고객들이 이곳에 자주 오고 싶은 공간으로 만들어야 한다.

1. 직원들의 행복은 곧 고객의 행복이다.
2. 직원들의 태도는 곧 매출로 연결된다.
3. 직원들의 마인드는 회사의 비전이다.

기술을 가르치는 것은 미용사로서 어렵지 않은 부분이다. 하지만 행복을 느끼는 시스템을 만드는 것은 너무 어려운 과제인 것 같다. 그러나 직원들이 불행하여 안 좋은 표정과 귀찮다는 듯의 말투를 보이면, 이는 곧 고객 불만으로 이어지는 것은 확실하다. 경영 교육에 가보면 "이익에 집중해라, 직원 복지와 행복, 마인드에 집중하면 망한다"라는 이야기를 종종 듣곤 한다. 하지만 나는 미용업의 성공은 둘 다 필요하다 생각한다.

그렇다면 직원들이 행복하려면 어떻게 해야 할까?

7년 넘게 매장을 운영하며 직원들이 가장 행복했던 때를 조사해보면 1등은 자신이 인정받았을 때이다. 인정받음으로써 자존감이 올라가고, 자신감이 넘치는 자기 모습으로 바뀌었을 때 가장 큰 행복감을 느끼는 것을 볼 수 있었다. 구체적으로 상사에게 인정받음으로 인한 행복감도 크겠지만, 그보다 더 뿌듯한 순간은 자신의 후배들에게 인정받았던 때이다.

디자이너가 되고 나면 메인 인턴이 생기는데, 후배를 양성하면서 그 후배들에게 스킬 교육을 해주는 과정에서 후배들의 존경과 인정을 받으며 행복해하는 직원들이 많다. 상사가 인정해주는 경우는 기분 좋은 인정이라면, 후배들에게 존경받고 인정받는 것은 스스로에게 삶의 의미와 가치를 부여하게 된다. 이에 따라 이전에 맛보지 못했던 가치와 뿌듯함을 경험하면서 자존감이 많이 올라간다. 직원들의 자존감은 곧 행복으로 연결되고 있다.

리더는 앞에 언급한 세 가지를 기억하고 경영해야 한다. 그리고 이 세 가지는 한 번 말한다고 조직문화가 되는 것이 아니다. 계속 끊임없이 이야기해야 한다. 한 번 말했다고 직원들이 다 외우고 바로 실천할 거라는 것은 오너들의 착각이다. 사람은 원래 자기가 편한 대로 행동하려는 습성이 있다. '했던 말 또 하고 했던 말 또 하는' 것에 불만을 갖지 말라. 계속 이것을 꺼내어 이야기할 수 있는 시스템을 만들어야 한다.

우리의 이런 에너지를 좋아해서 매장에 방문해 주시는 고객님이 점차 늘어났다. 하루는 한 직원이, "고객님, 저희 샵에 왜 오세요?"라는 질문을 했는데, "직원들 에너지와 분위기가 좋아서요. 이곳에 오면 왠지 기분이 좋아요."라고 대답하셨다고 한다. 그러면 "고객님이 보시기에 저희 〈217〉식구들의 어떤 점이 좋아요?"라고 물어보니 "열정적이고 끊임없이 성장하려는 그 모습이 뿌듯하고 예뻐 보인다."라고 대답해주셨다고 한다. 우리는 자주 고객들에게 우리 매장에 왜 오시는지, 우리들이 왜 좋은지를 물어보는데 모두 다 비슷한 이야기를 해주신다. 〈217〉 직원들은 열정 그 자체, 〈217〉 직원들은 지치지 않고 젊은 나이에 포기하지 않는 끈기 있는 사람들이 모여있는 공간이라고 이야기를 해주시는 것을 보고 왠지 모를 뿌듯함이 느껴졌다. 그리고 우리의 에너지를 고객님들도 고스란히 느끼고 있는 것에 신기하고 감사했다.

우리는 고객을 아름답게 하는 직업임으로 고객에게 행복과 자신감을 선물로 드려야 한다. 그러기 위해서는 우리가 먼저 에너지 발생시킬 수 있는 것이 중요하다.

최근에 어떤 음식점에 간 적이 있었다. 음식점 직원들이 주문을 받는데 메뉴판을 툭 하고 귀찮다는 듯이 주고 가고, 음식 나올 때도 건성으로 서빙해 주고, 계산할 때까지 기분 안 좋은 표정으로 인사도 제대로 안 하는 것이다. 맛이 아무리 좋아도 다음부턴 절대 가고 싶지 않은 식당이었다.

이 일이 있은 뒤, 우리 매장에서는 단 한 순간이라도 이런 태도들이 없었는지 점검했다. 우리 매장에서 객관적으로 스스로를 되돌아볼 수 없다면 다른 서비스 매장을 둘러 보며 불쾌하고, 싫은 점을 적어보고, 반대로 너무 좋은 점도 적어보도록 했다. 이런 반성과 점검의 결과, 다른 매장의 장점 중 접목할 것은 우리 매장에 접목해보고, 고칠 부분은 과감히 고쳐야 한다. 이처럼 나는 우리 매장의 문제점을 찾을 때 매장 안에서만 바라보려고 하지 않고 한 발자국 멀리 떨어져서 고객의 시각에서 바라보려고 노력한다.

마인드의 한 방향 정렬 없이 마케팅과 세일즈만 하면 망한다

현재 나는 매장운영 8년 차에 접어들게 되었다. '작은 미용실에 무슨 경영방식과 가치관이 필요할까, 돈만 벌면 되지'라고 생각했던 시절이 있었다. 우리 살롱은 살롱의 가치관 유무에 따라 경영방식의 전후가 나뉜다. 내가 처음 매장을 오픈했을 때도 미용사로 시작하여 스타 디자이너가 되어 그 브랜드에서 매출 1등을 하게 되어 별 깊은 생각 없이 매장을 오픈했었던지라 나는 그때 경영자의 입장이 아닌, 그냥 공간이 필요했던 헤어디자이너 입장이었던 것 같다. 막상 오픈하고 나니 헤어디자이너는 고객에게만 잘하면 되었는데 경영자는 해야 하는 것도 많고, 직원들이 생기니 어떻게 해야 할지를 몰라 시행착오를 거치는 과정에서 많은 직원들과 이별하게 되었었다. 내가 할 수 있는 것은 인스타밖에 없었던지라 홍보만 계속하면 내 살롱이 계속해서 잘되고 고객도 많아지고 직원도 많이 오며 성공할 거란 단순한 착각을 하고 있었다. 하지만 시간이 가면서 경영에 대해 배우며 실전으로 부딪히고 깨달아지는 것이 있었다. 우리 매장은 돈만 벌고 있지 알맹이가 없다는 사실이었다. 뭘 위해 존재하고, 고객들에게 어떤 가치를 주고 있으며, 앞으로 어떤 브랜드가 될 거고 사람들에게 어떤 영향을 미치고 싶은지 등….

아무런 계획 없이 그저 지폐만 오가는 하는 빈 껍데기 같은 살롱이라는 느낌을 받았다. 이렇게 해서는 더 이상의 성장이 없겠다는 생각에 나는 그저 헤어디자이너가 아닌, 이 살롱의 경영자가 되기로 마음먹었다. 아무리 규모가 작아도 근본적인 것부터 차근차근 다시 만들어 일으켜 세워야되겠다 생각했다. 첫 단추부터 잘못 끼워졌기에 다시 첫 단추를 찾아 다시 끼우는 작업을 시작했다. 그 시작이 우리 매장의 사명 정하기, 우리 매장의 가치관 정하기, 우리 매장의 액션 플랜, 비전 등을 정하는 것이었다. 그리고 직원들과 함께 우리 회사가 왜 존재하는지, 우리 회사는 고객에게 어떤 가치를 줄 건지, 우리 회사의 목표는 뭔지, 우리 회사의 비전은 뭔지를 함께 이야기하고, 작성하고, 만들었다.

이렇게 우리 회사의 슬로건이 탄생하게 되었고 “사람들에게 자신감을 주자”라는 슬로건으로 고객들에게 아름다움을 제공함으로써 자존감, 자신감을 올려주는 살롱으로 브랜딩을 시작하게 된 것이다. 우리 회사의 슬로건이 생기자 직원들은 모든 피드에 "우리는 헤어 디자인만을 판매하는 것이 아니라 고객님들에게 진심으로 자존감을 올려주고 싶고 자신감을 드리고 싶어요"라고 똑같은 이야기를 하기 시작했고, 그 슬로건을 전하는 동시에 고객들 한 분 한 분에게 정성으로 자신감을 높여드리기 위해 노력하는 모습들이 보여졌다. 직원들과 가치관을 공유하고 우리 회사의 가치관을 함께 만드는 것은 직원들이 부품이 아니라 주인공이 될 수 있게 스스로 주인의식을 지닐 수 있게 해 준다.

함께 방향설정을 하면 이런 점이 좋다

같은 목표를 설정했기 때문에 서로 공통의 목표를 향해 나아가려는 끈끈함이 생긴다. 이것을 팀워크라고 부른다. 우리의 핵심가치 중 하나가 팀워크, 조직력, 협력이기 때문에 같은 목표를 설정함으로써 줄다리기를 할 때 힘을 합쳐 한 방향으로 나아가는 것처럼 우리는 목표를 함께 꼭 성공시킬 것이다. 경영을 한다는 것은 오너가 혼자 이리저리 바쁘게 뛰는 게 아니라 손, 발, 심장, 콩팥, 발가락, 눈, 코, 입 모두가 각각의 일을 원활하게 하여 그 전체가 돌아가게 하는 일이다. 그런데 조직의 방향이 같지 않다면 다리 따로, 몸 따로, 눈 따로인 상황이 되고, 결국 원하는 곳에 함께 도달하지 못한다. 조직원들의 한 방향 목표 설정은 시너지를 내게 하여 보다 더 빨리 목표에 도달하게 하는 힘이 있다.

팀워크가 정말 중요한 것은 매장의 이익과도 연관이 깊기 때문이다. 팀워크나 성장 마인드에 대해서 이야기하면 많은 원장님들이 “그래서 그게 돈이 돼요?”라고 질문을 한다. 그런데 팀워크는 매장의 이익에도 엄청나게 큰 영향을 미친다. 특히 사람과 사람 사이가 중요한 미용업 같은 비즈니스에는 연관이 매우 깊다.

한 번은 이런 일이 있었다. 어떤 직원이 울면서 나에게 달려와 직원 중 한 사람과 트러블이 있으며 그 친구 때문에 퇴사하고 싶다는 것이었다. 이유는 그 친구가 다른 사석에서 자기 뒷담화를 했다는 것이었다. 그것을 물어봤지만, 거짓말만 하고 자기를 속인다는 것이었다. 서로 화해할 마음이 없고 불신의 골이 깊어질 대로 깊어진 경우였다. 자기의 성장과 성공을 위해 열심히 달려도 모자랄 판에 직원들의 험담과 이간질로 매장을 그만두고 싶다니…. 경영자인 나로서는 너무나도 어이없는 사건이었다.

하지만 웬걸, 이런 사건이 1년에 한 번씩은 꼭 일어나곤 했다. 그들의 퇴사 1순위 원인이 인간관계라는 점을 알고 난 후 뭔가 시스템이 필요했다. 그리고 생겨난 게 ‘〈217〉인성교육’이었다. 나는 곧바로 뒷담화를 하면 안되는 이유에 대해 교육 자료들을 조사했고, 내 이야기를 하는 것이 아닌, 정신과 의

사, 책, 유튜브 등을 이용하여 정보를 수집해서 프레젠테이션을 만들었다. 먼저 뒷담화 하는 이유에 대해, 그리고 조직 내에서 뒷담화가 위험한 이유에 대해 차근차근 풀어나가며 특정 인물을 타깃으로 삼지 않고 해마다 일어나는 일임으로 우리가 이런 것들을 조심해야 한다고 전체 교육을 실시했다. 〈217〉에서 인성교육을 하는 이유에 대해서도 충분히 설명했다.

다른 경영자들은 뭘 그렇게까지 하냐면서 나보고 특이하다고 했지만, 결과는 엄청났다. 처음에는 '이런 교육을 왜 들어야 돼?'하는 눈빛으로 앉아있던 직원들이 뒷담화를 시도하는 친구들에게 자존감을 올려주며 "너도 잘난 게 많으니 다른 사람과 비교하지 말라."라는 메시지를 주기로 한 우리들의 미션을 지키며 자연스레 뒷담화가 줄어들었고, 아예 안 하지는 않겠지만 공개적으로 하는 경우는 거의 없어졌다. 모두에게 같은 교육을 함으로써 그런 행동을 하지 못하도록 살롱 시스템이 장착된 것이다.

현재 그 두 명의 직원들은 화해한 뒤 너무나도 잘 지내고 있으며, 질투 나는 부분은 앞에서 이야기하기로 하고 서로 자존감을 지켜주기로 합의했다. 그 뒤로 이들은 서로 없어서는 안 될 존재들이 되었다.

이처럼 한번 싫다고 해서 해결 못 할 인간관계는 없다. 서로 성장하는 과정에서 트러블이 있을 수 있고, 서로의 생각

차이가 있을 수밖에 없다. 또 가족보다 붙어있는 시간들이 많다 보니 서로에게 소홀하고 스트레스 받게 하는 일들이 생기기 마련이다. 그때마다 샵을 그만두고 싶고, 그러한 문제로 매장을 그만둔다면 그 어떤 사회생활의 공간에서도 오래 일할 수는 없을 것이다.

방향성. 길을 잃지 않음

일을 하다 보면 목표와 방향을 잃어버리게 될 수 있는데 조직원들과 함께 방향설정을 하면 어떤 방향으로 가야 할 지 명확해지고, 업무에서 우선순위를 먼저 생각하게 되니 시간 낭비가 줄어들어 능률이 올라간다. 근본적으로 이런 팀워크 기반의 프로세스가 없이 보이는 대로, 자극적인 대로, 의식의 흐름대로, 오너만의 생각대로 홍보만 하고 있다면 고객들에게 떠오르는 브랜드의 이미지는 없을 것이다.

고객들이 우리 매장을 생각했을 때 어떤 이미지가 떠오르게 할 것인지를 고려하고 브랜딩 먼저 하는 것이 순서이다. 목표가 없으면 길을 잃어버리고 삶의 의미를 잊어버린다. 살롱에서 왜 일하는지, 왜 우리가 시너지를 내야 하는 것인지에 대하여 서로 의견을 들어보며 가치관을 공유하는 시간을 갖는다면 작심삼일로 끈기가 없어서 걱정인 직원들에게 함께 방향과 목표를 설정하는 시간을 통해 서로 좋은 자극을 주게 된다.

혼자 하기 힘들 때는 함께 하면 정말 빨리 가고 탄탄히 갈 수 있게 된다. 이런 방향성이 설정된 이후에 마케팅 세일즈를 해야 하는 것이지, 해당 과정 없이 무턱대고 세일즈만 한다면 살롱은 길을 잃고 만다.

골프든 축구든 목표로 삼은 타깃을 향해 공을 넣어야 승리하는 경기의 첫 번째 과업은 방향 설정이다. 파워와 임팩트는 그다음 일이다. 살롱 경영의 첫째 역시 조직원의 방향과 목표 설정이다. 힘을 주는 마케팅은 차후의 일임을 명심하자.

그만뒀다가도 다시 돌아오게 만드는 샵인가?

미용실을 운영하며 가장 힘들었던 부분이 직원들의 잦은 퇴사였다. 전국에 계신 원장님들의 고민 또한 직원 구하기와 직원과의 이별이다. 전국의 매장 원장님들이 하는 이야기는 대개 이렇다. 가르치면 나가고 가르치면 나가고, 내 모든 걸 쏟아부었는데 바로 옆에 고객 다 데리고 나가서 샵 차리고. 다른 업종과 달리 왜 유달리 미용이란 직업은 배신과 배반의 직업이 되는 것일까?

또 함께 있을 땐 '형제여, 자매여, 스승과 제자여' 이런 단어를 쓰며 가족보다 가까운데, 헤어질 때는 서로 자기 이득만을 위해 헐뜯고 싸우는 것일까? 나는 이 부분을 두고 하루종일 생각해 본 적이 있다.

미용실에서 이별이 많은 이유는 간단했다. 직급별로 이별의 이유는 달랐다. 먼저 파트너의 이야기를 하자면, 파트너들의 퇴사 이유를 조사해보니 이러했다.

- 인간관계
- 흥미를 못 느낌
- 다양한 경험을 하고 싶어서, 여기서 하는 일이 계속 똑같아서
- 비전이 없고 교육이 없어서
- 개인적인 일, 가족 일이거나, 일을 하지 못하는 상황이 생겨서 등

이것을 적어보고 하나하나 연구하기 시작했다. 실제로 다양한 경험이 부족해서 호기심으로 그만두는 친구들도 있었고, 교육 프로그램이 허술해서 그만두는 친구들도 있었다. 그리하여 〈217〉에서도 'G2아카데미'를 설립하여 최고의 강사진들을 배치하여 실질적으로 실력 향상에 도움이 될 수 있는 교육프로그램을 만들었다. 개인적인 일, 가족 때문에 일을 하지 못하는 상황까지 오너가 케어해 줄 순 없으나, 나머지의 일들은 오너가 만들어 줄 수 있는 시스템이 돼야 한다.

가장 첫 번째로 생각해 볼 수 있는 퇴사 이유는 인간관계이다.

특히 인간관계로 퇴사하는 친구들도 있었는데 그 친구들을 위해 생겨 난 게 직접적으로 감정이 개입된 피드백을 하지 않는 문화이다. 생각보다 파트너 시절에는 다른 이유의 퇴사가 아닌, 인간관계로 인한 퇴사율이 높았는데, 예를 들면, 이런 것이다. "원장님은 좋은데, 바로 위의 선배가 괴롭혀요. 계속 이간질하고 나만 따돌려요. 뒤에서 내 욕을 하고 다녀요." 등의 이유로 그만 둬야 할 것 같다는 것이다.

나는 이 부분이 가장 이해가 안 되었던 것이, 인턴들이 부족하면 가장 힘든 것은 직속 선배들이다. 업무량도 늘어나게 되고 인재가 부족하니 더 힘이 들게 될 텐데 왜 자기 아래 후배들을 못살게 굴어서 그만두게 하냐는 것이다.

이런 부분을 해결하기 위해 앞서 이야기했듯 우리는 인성교육을 실시한다. 뒷담화 하면 벌어지는 일과 텃세를 부렸을 때 나타나는 일 등을 프레젠테이션으로 교육자료를 만들어 교육하고, 그것이 본인 성장에 도움 되는 일인지, 도움 되지 않는 일인지 스스로 생각해 볼 수 있는 시간을 주는 것이다. 실제로 이러한 노력들로 인해 퇴사율이 급격히 줄어들게 되었다.

하지만 근본적인 것은 우리의 살롱이 어떤 살롱이 되고 싶은지, 우리 살롱의 가치관은 무엇인지, 그렇다면 그 직원들도 그 가치관대로 움직이는지에 대해 오너가 체크하고, 파악해야 한다는 것이다.

〈217〉에서는 성장 마인드와 고정마인드를 분류해서 성장 마인드로 셋팅한 친구들만 같이 가자고 면접 때 이야기한다. '나는 그런 노력을 못 할 것 같아, 나와 가치관이 안 맞을 것 같아.'라고 생각되면 입사할 수 없다고 이야기한다. 우리는 '성장'이란 공통의 목표를 향해 가는 조직원들이기에 성장하고자 노력하지 않으면 함께할 수 없다는 것이다.

한 번은 이런 적이 있었다. 엄청 열심히 하던 직원이 갑자기 퇴사한다는 것이었다. 너무 충격에 휩싸여서 내가 뭘 잘못한 것일까 계속 고뇌하다가 시간이 흘렀다. 그러다가 9개월이란 시간이 흘러 그 친구가 만나고 싶다는 것이었다. 카페에서 만나 이야기를 하는데, 간절한 목소리로 다시 입사하고 싶다는 것이었다. 남녀가 사랑하고 헤어지면 다시 만나도 대부분이 또 이별하듯, 나는 역시나 한 번 퇴사한 직원은 또 이별이 쉬울 것이라고 생각하여 재입사를 받지 않으려고 마음먹었었다.

하지만 그 친구의 말이 내 맘을 움직였다. 우리 매장이 미용 첫 매장이었는데, 다른 곳을 다 가봐도 매장을 위해 매장이 돌아가지 직원들이 성장할 수 있도록 프로그램이 있는 곳은 〈217〉이 유일했다는 것이다. 그리고는 "여기서 성장하고 싶다."라고 의지를 보여주어서 재입사를 받았다.

추후 그 직원이 그만두게 된 이유를 이야기해줬는데, 자기에게 중요한 가치관은 '타인의 인정'인데 칭찬보다 채찍이 많은 나였는지라 원장님의 피드백으로 번아웃이 오기도 하고 힘들었다고 했다. 어릴 때부터 자존감이 낮아서 생긴 가치관이라 한다. 그 후론 그 친구를 보면 사소한 것부터 칭찬을 많이 해준다. 돈 드는 것도 아니고 별일 아닌데 칭찬을 해줬더니 행복해하며 지금은 디자이너 데뷔를 앞두고 있다.

매장의 가치관도 중요하지만, 직원들 개개인의 가치관이 뭔지, 그 가치관이 존중되어야 할 시점은 언제인지, 서로의 가치관을 존중해 줄 수 있고 함께 성장할 수 있는 방향을 제시해줄 수 있다면 다시 돌아오고 싶은 매장, 성장하고 싶은 매장. 함께 키우고 싶은 매장이 될 수 있다.

두 번째로 들 수 있는 경우는 디자이너의 퇴사이다.

디자이너들은 파트너와는 조금 다른 이유들로 퇴사를 했는데, 대부분 이런 것들이다.

내 매장 오픈 : 기술을 배우면 자기 매장을 하는 문화가 자리 잡았기 때문이다. 나 역시도 '기술을 배웠는데 내 샵을 해야지'라는 생각이 지배적이었고, 사장이 된다기보다 헤어디자이너로서 쉽게 내 매장을 차릴 수 있다고 생각했기 때문이다. 그런데 매장을 오픈 하는 전제 조건이 '기술 다 배우면'일 경우, 그 '기술' 때문에 이 미용산업이 더 성장하지 못하고 더딘 것이라고 생각한다. 기술도 좋고 다 좋지만, 어떤 한 브랜

드를 만든다는 것에는 기술 그 이상의 '시스템'이 더 중요하다. 그 시스템의 구성요소 중 하나가 '기술'일 뿐이다. 하지만 미용업계의 대부분은 기술로만 움직인다. 그렇기 때문에 다른 시스템 없이도 기술만 있으면 내 샵을 쉽게 차릴 수 있는 것이다. 그렇다고 하여 직원들에게 "개인 샵 차리지마"라고 이야기하여 이 부분을 해결하고 싶은 생각은 없다. 나는 나와 결이 맞지 않는 직원은 콘셉트와 가치관, 사명, 고객에게 줄 수 있는 가치가 다르므로 함께 갈 수 없다고 생각한다.

다른 회사의 스카우트 : 미용계에서는 "지금 일하는 곳보다 더 돈 많이 줄게 여기로 와."하는 문화가 있는 듯하다. 스카우트가 나쁘다는 건 아니지만 체계 없이 악의적으로 사용하는 경우가 있어서 안타깝다. 모든 사람들의 강한 동기는 성공이겠지만, MZ세대 직원들은 돈, 물질보다 나만의 삶의 철학을 중요하게 생각한다.

셋째, 개인적으로 비전을 못 느껴서이다.

직원들은 자신이 가고자 하는 방향성에 맞는 매장을 희망하는데, 자신이 느끼기에 스스로의 강점대로 성장하기 어렵다 판단되면 이직을 한다.

이러한 이유 등으로 직원들은 퇴사를 하게 되는데, 우리가 생각해야 할 것은 '유능한 직원들이 어떻게 우리와 함께하게 할까'와 '직원들이 어떻게 하면 우리 샵에서 성장하게 할 수 있을까' 이 두 가지를 고민해야 한다.

나는 이런 고민을 하다가 한 가지 의문이 들었다. '이렇게 퇴사율이 많은 직종이 앞으로 비전이 있는 것일까?'라는 의문이다. 미용은 사람이 가장 중요한 비즈니스이다. 사람을 계속 만나야 하는 직업이고 훌륭한 인재들을 계속해서 교육하고 키워내야 성공할 수 있는 비즈니스이기 때문에 나와 맞지 않는 직원들이 퇴사한다고 하더라도 끊임없이 우리 것을 배울 수 있게 하고 새로운 디자이너를 배출해야 한다. 실제로 〈217〉에서는 1년 4개월 만에 디자이너가 되는 프로그램을 제공한다. 테스트에 떨어지거나, 과제를 못 한다거나, 연습량이 부족한 경우에는 늦어지겠지만, 원래 운영하던 교육 프로그램은 2년 6개월의 코스였는데 기간을 파격적으로 줄인 이유는 그들의 니즈에 맞춰 아카데미 교육 프로그램도 변경한 것이다.

아무리 AI가 발달해도 미용은 기계가 대신할 수 없는 영역이다. 하지만 AI가 대신하지 못하는 우리 직업을 비전 있게 만드는 것은 우리의 몫이다. 예전 미용 세대와는 많이 달라졌다. 시대가 변해도 달라지지 않을 것, 시대가 변화함에 따라 달라져야 할 것을 명확히 구분하고, 미용인들이 이 시장을 발전시킨다면 비전 있는 직종으로 바뀌리라 생각한다.

직원들이 퇴사하지 않게 하려면 뭘 해야 할까? 앞서 언급했듯이 미용업의 고객은 헤어 서비스를 받는 고객님뿐 아니라 직원들도 우리 고객으로 인지하고 그들의 니즈를 알아야 한다. 파트너 때 강렬한 니즈는 '디자이너'가 되는 것이다. 따라서 〈217〉에서는 2년 6개월의 시간을 1년 4개월로 대폭 줄여 스파르타식 교육을 하기 시작한 것이다. 실제로 3년 가까이의 시간이 든다 생각하면 막연하기 때문에 두루뭉술하게 행동했던 직원들 '1년 하고 몇 달만 고생하면 돼'하면서 빠릿빠릿 움직이고 악착같이 더 열심히 하는 것을 볼 수 있었다. 흔히 많은 살롱 경영인들이 "그렇게는 절대 못 해."라고 하지만, 안 되는 건 없다. 우리가 시장에 맞춰 단점이라 생각하는 것을 보완해 나갈 수밖에 없다. 2년 6개월 동안 천천히 진행되던 코스가 매주 진행되며 바쁘게 디자이너 코스를 밟게 되니 직원들도 힘이 들긴 하지만 무척 만족하며 행복한 미용을 하고 있다.

인재가 차고 넘치게 하려면 어떻게 해야 할까?

실제로 이 문장을 적어두고 계속 고민하고 있다. '대학교 축제처럼 축제를 만들어볼까? 우리 지역에 속한 미용학교, 미용학원에 다 연락을 돌려서 협약식 요청을 드려볼까?' 이런 식으로 고민하면서 찾아낸 것들이 굉장히 많다. 다음주에도 미용학교 미팅이 잡혀있다. 미용실 경영자가 해야 하는 일은 이런 것이다. 그들이 그만뒀다가도 다시 돌아오고 싶은 샵, 성장하려면 들어오고 싶은 샵. 그들의 니즈에 맞춘 프로그램이 있는 샵. 그런 체계와 서비스를 만드는 것 또한 게을리해서는 안 된다.

많은 원장들이 함께할 사람이 없다고 말한다. 인재가 없다고 말한다.

새로운 시스템들을 만들어 내지 못하면 너무나도 빠르게 변화하고 있는 미용산업에서 살아남을 수 없다. 그들이 만족하고 뛰고 싶은 그런 살롱을 만들어야 한다. 가장 좋은 방법은 그들에게 물어보라. 소통하라. 그만뒀다가도 돌아오고 싶은 살롱, 성장을 하려면 이곳을 선택해야만 하는 살롱, 함께하고 싶은 살롱을 만들어야 한다. 그러기 위해서는 그만두더라도 다시 돌아오고 싶을 만큼 비전 있는 브랜드를 만들어야 한다.

사람이 모여들고 차고 넘치게 트래픽을 확장시키는 공간이 되어야 한다.

오너 이상으로 마음의 신뢰를 갖는 직원이 있는 샵인가?

우리 매장의 문화 중 하나는 강점을 파악하는 시간을 갖는다는 것이다. 사람은 저마다 각각의 강점을 타고난다. 모든 인간의 특징이 같지 않고 강점과 약점 또한 각각 다르다. 저마다 강점도 특성도 다른데, 성공하는 방법이 하나라는 것은 말이 되지 않는다. 나 또한 이 책을 적으면서도 우려되는 것이, 이 책의 메시지를 맹목적으로 받아들이지나 않을까 하는 점이다.

나는 작은 미용실 경영인이지만, 다른 사람이 큰 부와 성공을 이뤘다고 하여 그 사람을 맹목적으로 똑같이 따르지는 않는다. 저 사람의 성공 노하우가 나에게는 안 맞을 수 있고, 내가 따라 해도 나에게는 없는 강점일 수 있으며, 위대한 경영인이라고 할지라도 지금 내가 처한 상황을 100% 알 수는 없기 때문에 모든 것을 100% 추종할 수 없는 것이다. 내가 가져갈 수 있는 부분은 가져가고, 나만의 방식으로 바꿔서 나의 것으로 체화해야 한다는 점이다.

미용실을 운영하면서 직원들을 관리할 때도 마찬가지이다. 나와 성격이 똑같은, 나와 강점이 똑같은 직원은 한 명도 없다. 그들이 가진 강점 파악을 하다 보면 신기할 정도로 모두 제각각이다. 따라서 가치관과 목표는 함께 설정하되 그들이 가진 능력과 강점을 적재적소에 활용해야 한다.

회사에 똑같은 사람만 있다면 그 회사가 성장할 수 있겠는가? 내가 갖지 못한 장점을 우리 직원이 가지고 있기도 하고, 서로가 부족한 부분을 채우면서 시너지를 발휘하는 것이다. 이렇게 매장에서 그들의 강점을 파악하고 잘하는 분야를 밀어주며, 1등을 할 수 있게 해주니 직원들에게 자부심과 책임의식이 생겼다.

하지만 대부분의 미용실 경영자는 어떤 분야에서는 나보다 뛰어난 인재들이 많이 있음에도 불구하고 자기 아래로만 바라보고 그들의 의견을 존중하지 않는다. 그들이 의견을 제시하면 건방지다고 한다. 너무 안타까운 일다. 미용실에서도 어느 정도 업무 분리가 되어야 한다.

나는 〈217〉의 경영자로서, 사업을 하는 입장으로서 실질적인 이익과 성과를 내기 위해 뛰어야 하는 사람이며, 계속해서 시장에 흐름에 따라 혁신해야 한다. 현상을 유지하고 관리하는 입장이 아닌, 한계를 뛰어넘기 위한 도전을 해야 하는 자리에 있다. 이런 내가 현재 상황의 유지를 위해 체계를 위해 관리하는 것, 꼼꼼히 기록하는 것 등 아예 다른 업무까지 모두 도맡아서는 할 수 없는 일이다. 관리자의 역할, 리더의 역할, 팀장의 역할, 고객응대·관리의 역할 등 다양한 업무에서 직원들이 하나씩 잘할 수 있는 일을 맡겨주고, 나는 그 역할을 훌륭히 수행하며 발전시킬 수 있도록 지도하는 본분을 다해야 한다. 회사의 아주 중요한 기밀 업무를 맡길 때는 핵심 인재를 배치해야겠지만, 그 나머지의 일들은 파트너건 디자이너건 직급과는 상관없다. 그래서 다음과 같은 기준으로 사람을 적재적소에 배치하고자 한다.

첫째, 매장에 크고 작은 일을 담당 직원이 맡아서 관리하고 처리해볼 수 있게 한다.

하루는 이런 일이 있었다. 파트너인 친구가 수집하는 걸 잘하고 좋아했다. 스크랩도 좋아하고 아이패드나 기계 사용도 굉장히 잘하는 것이었다. 유행에 민감하여 트렌드를 관찰하는 것을 좋아했고 남과 다른 독특한 것들을 시도하기를 좋아하는 직원이었다. 우리는 매년 트렌드가 달라지고 유행이 빠르게 변화하는 직종이다. 그렇기 때문에 트렌드 조사를 매년 하게 되는데 오너와 관리자들이 해서 발표할 게 아니라 그 누구보다 관심 있고 좋아하는 직원에게 시켜 보자 해서 그 직원에게 트렌드 조사와 프레젠테이션 발표를 준비하라고 했다. 그랬더니 그 직원은 수집하는 걸 좋아하고 트렌드 분석하고 조사하는 걸 좋아하는지라 행복하게 맡은 업무를 새벽까지 시간 투자하며 하는 것이었다. 그리고 전 직원 앞에서 떨리는 목소리로 발표하고 자기의 강점과 끼를 마음껏 펼쳤다. 여기서 중요한 점은 파트너인데도 전 직원 앞에서 트렌드 발표 업무 총괄 자리를 준 것과, 그가 좋아하는 일을 마음껏 할 수 있게 해주었다는 점이다. 그랬기에 그 직원은 심지어 행복해하면서까지 자신의 시간을 해당 업무에 투자하게 된 것이다.

MZ직원들을 보면서 느끼는 점은 주인공이 되고 싶어 하지 부품이 되고 싶어 하지 않는다는 것이다. 자신의 존재감을 마음껏 드러내고 싶어 한다. 자신이 가진 강점대로 말이다.

둘째, 큰일을 잘 수행해내면 직책을 줌으로써 매장에 꼭 필요한 사람임을 스스로 느끼게 해 준다.

〈217〉에서는 직원들이 가진 각자의 강점을 적극 개발해준다. 말을 잘하고 사람들 앞에서 자기를 어필하는 것을 좋아하는 직원한테는 함께 유튜브를 하자고 제안하고, 사람들에게 상담을 잘해줘서 인기 있는 직원에게는 컨설팅과 세일즈를 교육하게 한다. 그로 인해 직원들은 매장에 책임감을 느끼고 내 매장처럼 관리하고 싶은 마음이 생기게 되는 것이다.

많은 오너들이 주인의식을 갖게 해주려고 업무를 주는데, 직원에게 주인의식을 갖게 하려면 그 이상의 가치를 느끼도록 해줘야 한다. 업무를 주면서 그가 잘할 수 있는 일, 재밌게 할 수 있는 일을 줘야 한다. 잘할 수 있는 일을 하면서 자신감과 자존감이 올라가 그 직원에게도 큰 경험과 배움이 된다. 그 친구가 해내는 걸 보면서 동료들도 동기부여를 얻고, 다음 프로젝트에는 '나도 참여해봐야지'라는 생각을 갖게 되면서 동참할 확률이 높아진다.

직원관리는 다른 게 없다. 밥 사주고 돈 많이 주고 잘해주는 것이 직원관리의 핵심이 아니라, 우리 브랜드를 사랑하게 만드는 게 핵심이다. 오너들은 자신들이 고생해서 돈을 모아 하나부터 열까지 자신의 손이 안 거친 데가 없기 때문에 매장을 자신의 몸처럼 사랑할 수밖에 없다.

셋째, 혼자 사랑하면 안 되고 매장도 그를 사랑할 수 있게 매장에 필요한 인재상이 되어야 함을 알려준다. 대부분 놓치는 것이 사랑이란 주고받는 것이어야 한다는 점이다. 짝사랑은 서로 상처 입게 되어있지만, 서로가 사랑하면 행복한 일상들을 보낼 수 있다. 예를 들면, 직원 혼자 매장을 사랑한다고 해보자. 그렇다면 서운함이 늘어나고 '내가 이렇게 매장에 헌신했는데, 이 매장은 나를 사랑하지 않아, 나를 인정해주지 않아.'하고 매장을 떠나고 다른 사랑받을 수 있는 매장을 찾게 된다.

그렇다면 샵이 그 직원을 짝사랑한다면? 오너가 직원을 너무 사랑해서 매일 밥 사주고, 교육도 2~3시까지 남아서라도 열정 불태우며 성장시킬 수 있게 도와주는데, 직원이 내 매장처럼 일 해주지 않는다면 그것도 서운하고, 자식 키워봤자 소용없다는 이야기가 나오게 되는 것이다.

그렇게 때문에 사랑에서는 상호 작용이 중요하다고 생각한다. 내가 사랑하면 그도 사랑하는 것. 보통 경영자들은 자신이 오너니까 스스로 다 참으려고 한다. '내가 더 이해하고 받아들이면 되지'라고 생각하는데, 이는 해결방안을 마련하는 것이 아닌, 힘드니까 포기하는 마음이다.

나는 이런 상호 작용, 소통을 중요하게 생각하다 보니 직원들과 긴밀한 관계가 되었다. 가족처럼 친해지라는 의미가 아니다. 우리 매장에서 중요하게 생각하는 인재상을 알려준 뒤, 그의 강점을 살려 그에게 매장에서 할 수 있는 일들을 맡긴다. 그리고 그 직원이 매장에 애착이 생기고 사랑하게 되면 직원이 매장에서 날아오를 수 있도록 아낌없이 지원하며 노력하는 것, 그리하여 짝사랑이 아닌 서로가 믿고 사랑할 수 있는 관계가 될 수 있다는 것이다.

한 번은 어떤 직원이 a4용지 가득 채워 편지를 써준 적이 있었다. 편지를 읽어 보니 부모도 형제도 못 할 거라고 했던 자신을 나는 믿어줬고, 아무것도 가지고 있지 않던 자신에게 매장의 중요한 일을 맡겨주어 감사하다는 내용이었다. 스승이란 말로도 부족한 사람이라며 감사하다고 하는 것이다.

하지만 나는 스승이 되고 싶지 않다. 그들과 파트너십을 맺어 〈217〉헤어살롱을 고객에게 사랑을 듬뿍 받는 멋진 기업으로 만들고 싶다. 서로가 윈윈 되는 관계를 추구한다. 그들에게도 도움이 되고 나에게도 도움이 되는 관계로 말이다. 한쪽만 희생하는 관계는 언제든 실망하고 무너질 수 있으니까. 오래오래 함께하기 위해 이러한 관계가 좋은 것 같다. 직원과 대표 이전에 우리는 사람의 관계에 대해 한번 더 생각해 보아야 한다. 사람과의 관계를 생각해보고 더 나아가서 매장과 직원의 관계. 이 모든 것이 소통이 가능하게 시스템을 만들어야 그들도 거부감 없이 우리와 소통하려 한다.

또 한 번은 이런 일이 있었다. 매장에 어떤 친구가 이력서를 내고 면접을 보러 왔는데, 왜 우리 매장에 왔냐고 물어보니 친구가 하도 〈217〉 자랑, 대표님 자랑을 하길래 가랑비 옷 젖듯 나도 빠져들어 '도대체 얼마나 좋은 매장이길래' 싶어 '나도 가야겠다'하고 입사 지원을 했다는 것이다. 1년 남짓 우리의 이야기를 들었는데, 취업한다면 이곳으로 해야겠다는 마음을 계속 먹고 있었단다. 만나기만 하면 우리의 자랑과 "우리는 이래, 우리는 이렇게 해"하고 주인의식을 갖는 모습이 부럽기도 하고 멋지기도 했다는 것이다. 자신의 친구가 이렇게 변화했다는 것에 놀라기도 한 모양이다.

우리 매장의 직원들은 확실히 소위 "국뽕에 차오르다"라는 표현처럼 〈217〉에 대한 자부심으로 차올라 있다. 우리보다 더 대단한 살롱도 많고 돈, 명예 다 가진 살롱도 많지만, 우리 〈217〉 구성원은 '우리'라는 뽕, 우리가 함께하면 두려울 것이 없다는 것에 엄청난 자부심을 느끼며, 가끔은 내가 다 얼굴이 빨개질 정도로 우리 매장을 자랑하고 다니곤 한다. 내가 오너인지 그들이 오너인지 알 수 없을 때도 많다. 난 이런 우리의 문화가 좋다.

4개월 만에 매출 0원에서 1,600만 원까지 올린 마인드 셋팅의 기적

초급 디자이너로 시작해서 원장이 된 우리 매장의 지오 디자이너 이야기를 해보려고 한다. 처음에 지오 원장은 정식 디자이너 활동 전 남자 머리만 하고 싶다고 했다. 자기가 남자 머리를 잘하고 잘할 수 있고 재미를 느끼기 때문에 여자 머리보다 남자 머리로 성공하고 싶다고 미팅 요청을 해왔다. 하지만 서울이 아닌 로컬매장에서는 주 소비를 담당해온 성별이 여성이었기 때문에 처음에는 남자 머리만 하겠다는 그 친구의 말이 충격적으로 다가왔다. 남자 머리만 해서 과연 매출을 잘할 수 있을까? '여자 머리를 해야 매출을 올릴 수 있을 텐데'라는 의심도 생겼다. 하지만 그 친구의 눈빛이 빤짝거렸다. "정말 남자 머리로 최고가 될 수 있어? 남자 머리로 제대로 해볼 수 있어?"라고 이야기했는데, 원래 눈이 크지 않은데도 불구하고 눈동자가 엄청 커지면서 초롱초롱 "무조건 할 수 있습니다."라고 이야기했던 그때가 생생히 떠오른다. 그래서 "좋아, 남자머리로 이 지역 1등이 돼보자"라며 허락을 했다.

그렇게 그 친구는 남성 전문 헤어디자이너가 되었다. 디자이너 활동 1개월 차에는 손님이 없어서 "원장님, 저 집에 가야 될까요. 손님이 없어요" 하며 힘들어했다. 욕심이 많았던 친구였기에 손님이 없으니 불안하고 힘들었을 것이다. 하지만 4개월 만에 남자 머리로만 실매출 1,600만 원을 달성했고, 지난달에는 1,800만 원이 되었다. 그리고 〈217〉 부원장을 거쳐 현재 〈217〉 남성 전문 매장의 원장이 되었다.

우리 매장은 조금 다른 문화가 있다. 마인드 경영을 하는 매장이었기 때문에 단순히 매출을 잘한다고 하여 직급을 얻을 수 없다. 스스로 마인드 경영을 할 수 있고, 이로 인해 많은 조직원들에게 긍정적인 영향력을 끼칠 수 있으며, 리더십이 있어야 직급을 갖을 수 있다. 매출도 잘하고 성과가 잘나는데, 모든 직원들이 "저분이랑 같이 일하기 싫어요.", "회식 같이 가기 싫어요."라고 이야기한다면 이미 리더십에서 실패한 것이기 때문에 단순히 매출만 잘한다고 회사의 직책을 맡길 수는 없는 것이었다.

그 친구의 과거 이야기를 허락받고 하자면, 10살 때부터

가정 형편이 어려워서 오피스텔 청소를 하며 생활했다고 한다. 가난이란 이유로 사람들에게 손가락질을 받다 보니 부정적인 모든 감정들로 휩싸인 채 성인이 되었다고 한다. 미용실 일을 하면서도 '과연 내가 불행, 가난, 부정적인 모든 것에서 벗어날 수 있을까?' 이런 생각을 수없이 많이 했다고 한다. 미용사로 성공하기 위해 미용의 본질을 찾아 연구하던 중 성장 마인드 미용실 〈217〉이 인스타에 보였고 이곳에 가면 내 부정적인 사고도 바꾸고 성공 마인드로 성장할 수 있을 것 같아 이력서를 제출했다고 한다. 위에서 언급했듯, 우리는 입사하자마자 가장 먼저 듣는 교육이 '성장노트'이다(자기경영 마인드교육). 입사하자마자 성장 마인드(계속 성장할 수 있어), 고정마인드(난 더 이상은 성장 못 해)에 대한 마인드 교육을 듣는데, 이때 자신이 지독한 고정마인드였단 것을 깨달았다고 한다. 이 생각을 없애고 목표를 설정한 뒤 포기하지 않으면 나도 될 수 있겠다는 믿음이 생겼다 한다. 그 후로 그가 매출 0원에서 4개월 만에 1,600만 원을 이뤄낸 비법에 관해 이야기했다.

1. 3개월 목표를 성장노트에 적고 매일, 매주 세세하게 행동 목표를 설정했다. 그리고는 이 목표를 자기 전, 자고 일어나서 10번씩 말하고 출근하고 계속해서 실천했다.
2. 인스타, 블로그에 내 성장 과정을 하나하나 다 공유했다. 그러다 보니 감동한 고객들이 늘어나고, 지오로 인해 동기

부여를 얻는다는 고객들이 많아지게 된 것이다.

3. 1일 3피드 하며 고객을 향한 가치관 어필을 했다. 지오가 정한 고객을 향한 가치관은 믿음과 신뢰이다. 어떤 순간에도 신뢰할 수 있는 지오가 되겠다고 믿고 오시라는 내용을 비롯해 인스타에 모든 헤어스타일에 관한 스토리를 풀어냈다.

그렇게 하다 보니 초기 예약은 하루에 0원일 때도 있고 1~2명일 때도 있었는데, 현재는 일주일 꽉꽉 채워 풀 마감인 상태이다. 하루 15~18명의 고객들이 찾아주고, 한 달에 300명의 고객을 만나고 있다. 지금은 손목의 건강을 생각해서 스케줄을 조절하라고 이야기했다.

그의 스토리에서 핵심은 이것이다. 가난하고, 힘들고, '난 안 될거야'라고 생각하는 디자이너는 절대 이룰 수 없는 목표를 그는 성장 마인드 교육을 통해 달성했다는 점이다. 이게 가장 어려우면서도 중요한 부분이다. 대부분 사람들이 교육을 듣는 건 쉽게 잘한다. 하지만 실천하는 사람은 10%도 안 된다. 자신감 넘치는 사람들은 많다. 하지만 진짜 진심으로 '나 자신이 해낼 수 있다'라고 100% 믿는 그 마음은 갖기가 어렵다.

이 마음을 갖기 위해서는 자신 스스로 실천하려 노력해보고, 목표 달성을 맛을 보는 경험들을 여러 번 해야 한다. 많은 사람들이 성공을 원하지만 실천하지 못하기 때문에 정작 성공하기가 어렵다고 한다. 하지만 나는 실천 이전에 마인드를 먼저 어떻게 셋팅할 것인가 중요하다고 생각한다.

성공을 하기 위해 두루뭉술한 계획으로는 실행이란 아웃풋을 내기가 어렵다. 조언하자면, 세세하게 쪼개서 내가 지금 할 수 있는 것부터 해야 한다. 내가 어떤 디자이너가 될 건지, 내가 어떤 고객을 받을 건지, 내 고객을 명확히 하고 그들이 만족할, 감동할 서비스 먼저 찾는 것이다. 이렇게 나에 대해 알아가고 자존감이 올라갈 수밖에 없는 성공의 경험들을 조금씩 하게 되면 눈빛, 태도, 표정에서부터 자신감이 꽉 찬 멋진 헤어디자이너로 활동할 수 있다. 그 눈빛과 태도 열정은 고객이 고스란히 느낀다. 그 고객이 나에게 "선생님을 보면 나도 동기부여가 돼요. 너무 멋진 삶을 살고 있어요. 저도 선생님처럼 되고 싶어요"라고 말한다면 미용사로서 정말 값진 삶이 아닐까.

지오의 끊임없는 열정의 시작은 부정적인 것으로 가득했던 마인드를 인정하고 그것을 바꾸는 것부터가 시작이었다. 매달 고객 수가 남자 머리로만 300명이 되자 이제는 고객을 다 받을 수도 없이 많아져 어쩔 수 없이 금액 인상을 하게 되었는데, 금액 인상을 하며 수많은 걱정이 있었다. '비싸서 고객들이 안 오면 어떻게 하지?'

하지만 금액을 인상했는데도 불구하고 매출이 1,800만 원을 넘어서 2천을 바라보고 있다. 회원권과 정액권도 없이 실매출로만 이뤄낸 결과라 더 뿌듯하다. 지오의 성장 목표는 계속해서 세워졌다.

지오의 끊임없는 열정과 노력은 매장 전체에 긍정적인 에너지를 가져왔고, 그로 인해 실장을 거쳐 부원장이라는 직책을 맡게 되었다. 내가 내 고객만 신경 쓰면 되었던 때와는 차원이 달라진 것이다. 디자이너였을 때는 내 고객에 90% 이상의 에너지를 쏟았다면, 실장이 되면 30%는 함께 하는 조직원들과의 융합에 신경써야 한다. 부원장, 원장은 기술뿐 아니라 브랜딩, 살롱매니지먼트의 업무도 함께해야 하기 때문에 엄청난 리더십을 필요로 하는 직책이다.

사실 리더십을 요구하는 직책을 직원들이 맡기 싫어하는 경우도 있고, 맡고 싶어 하는 경우도 있다. 성향에 따라 다르지만 지오는 직책을 굉장히 부담스러워하면서도 리더십이라는 단계를 부족하지만 해내고 싶어 했다. 직책을 줄 때는 이 사람이 완벽해서 주기보다는 앞으로 해 낼 수 있다는 것을 알기 때문에 주는 것이다. 직책을 맡고 난 지오는 또 다른 사람이 되었다. 이전보다 더 무게감 있어 졌고, 그 점이 구성원들에게 신뢰를 받고 존경을 받게 되었다. 처음의 지오가 아닌 점점 더 성숙해지는 지오를 볼 수 있었다. 현장에서 일하면서 부족했던 부분을 적어서 피드백을 해주기도 하고, 기술적으로 미흡한 친구를 위해 새벽까지 남아서 알려주기도 하고….

지오 원장도 이러한 리더십 부분에서는 처음부터 잘했던 것은 아니었다. 매일 같이 미팅 요청을 해서 어떻게 관리해야 할지 모르겠다며 힘들다고 하소연을 했다. 하면 되는데 왜 안 하는지 이유를 모르겠고, 아닌 것 같아서 피드백하면 그것을 듣지를 않는다는 것이었다. 처음 누군가를 관리하다 보면 겪는 스트레스이다. 하지만 시간이 흐르면서 그들의 마음을 이해하게 되고, 그들을 좋아하게 되었다는 것이다. 나는 이런 과정을 볼 때 기술적인 것, 능률을 올리기 위한 도구들, 이런 부분도 중요하지만 어쩌면 더 근본적인 것들이 인간관계에서는 큰 영향을 미친다는 것을 알 수 있었다. 포기하지 말고 조금 해보자는 응원보다, 그들과 미운정, 고운정 다 들어서 추억거리로 곱씹을 수 있는 사건 사고들을 회상할 때 더 큰 사랑과 애정이 간다는 것이다.

이것이 의미하는 것은 꼭 완벽할 필요가 없다는 점이다. 완벽을 바라는 것이 아니라, 우리 모두가 원하는 것은 함께 하는 과정이다. 이 과정 중에 우리는 점점 단단해지고 시너지를 발휘하고 있는 것 같다.

직책으로 인해 더욱 많은 성장을 이루게 된 지오 원장은 10월에 전주에 〈217〉 남성 전문 미용실 오픈 준비를 앞두고 있다. 마인드는 각각의 수준에 따라 다르게 셋팅해야 한다. 디자이너였을 때의 마음가짐과 실장이었을 때의 마음가짐, 부원장이었을 때의 마음가짐, 원장이었을 때의 마음가짐은 각각 달라야 한다.

리더십은 내가 직책이 높아서 '나를 무조건 따라야 한다'가 아니라, 그들을 먼저 이해하고, 그들에게 영향을 미치는 모든 과정이다. 그 과정 속에서 능률이 올라가고 좋은 영향을 미치게 된다. 그리고 마인드 셋팅에 따라 불가능이 가능으로 변화하는 강력한 힘을 발휘하기도 한다.

직원들을 새장 밖에서
마음껏 날 수 있도록 하라

가치관이 명확하지 않았던 초보경영 시절, 나는 직원들이 나보다 매출을 많이 하면 내 권위가 떨어지고, 직원들이 나보다 실력이 있게 되면 나의 매장이 그로 인해 무너지고 그 친구를 담을 수 없게 되는 줄 알았다. 직원들과 매출 경쟁을 했으며 그들보다 항상 더 많은 매출을 하려 했다. 그리고 그게 당연했다. 사실 경쟁하지 않아도 내가 매출을 훨씬 잘하는 것이 당연했다. 고객들은 최고 권위자를 원하니까. 원장에게 머리를 하고 싶어 하니까. 그것이 그들을 성장할 수 없게 막는다는 것도 모른 채…. 그것이 살롱의 성장을 방해하고 있다는 사실을 매장운영 4년 차가 돼서야 알게 되었다.

많은 미용실 원장들은 직원들이 나보다 더 커지는 것을 두려워한다. '그 친구가 그만두면 어떡하지'를 걱정하며 그 친구를 새장에 가두고 더 이상 못 크도록 누르는 것이다.

나는 이제는 이러한 미용 문화가 달라져야 한다고 생각한다. MZ직원들은 부품이 될 생각이 없다. 성공하기 위해 자신을 억제하고 누르고 헌신하며 오너만을 위해 일하지 않는다. 그곳에서 자신의 존재가 인정받길 원하며 그로 인해 자신의 일에 가치를 느끼고, 살아있음을 느끼고 싶어한다. 그렇기 때문에 새장에 가두는 형식이 아닌, 마음껏 날아 능률을 올릴 수 있도록 해야 한다. 오너는 직원들이 마음껏 역량을 발휘해 생산성이 높아질 수 있도록 시스템을 만드는 사람이지, 그들과 경쟁하여 매출을 하며 이기는 자리가 아니다. 나보다 뛰어난 인재들이 넘칠 수 있도록 해야 한다.

이러한 마인드 셋팅으로 인해 나는 이제 미용사가 아니라, 미용사 대표 원장이 아니라, 〈217〉을 운영하고 시스템을 만드는 〈217〉 경영인으로 거듭나기로 나 자신과 약속했다. 매출을 하는 사람이 아닌, 미용 뷰티 경영인으로 거듭나기 위해 선택해야만 하는 일이라고 생각했다. 그들이 마음껏 날아다닐 수 있도록 내가 해야 할 일은 다음과 같다.

개인 목표 설정 및 역량 : 매장의 목표도 중요하지만, 그들이 하고 싶은 꿈과 목표가 있다. 그 목표를 개인을 위해서만 사용하는 게 아니라 매장 전체를 위해 사용할 수 있도록 코칭

해줘야 한다. 서로 윈윈이 될 수 있는 목표를 제안 및 설정한다.

매장을 성장시키기 위해서는 목표가 중요하다. 오너는 보이지 않는 목표를 마치 바로 눈앞에 보이는 것처럼 시각화시켜줄 수 있어야 한다. 비전이 느껴지도록 해야 한다. 여기서 중요한 것은 매장의 목표와 개인의 목표 둘 다 가치 있고 중요하다는 것을 인정해야 한다.

현재 〈217〉에서는 우리 〈217〉을 기업화시키는 목적을 가지고 있다. 3년 안에 50개 만들기 목표에 모두 동참하고 있다. 그리고 개개인의 목표를 설정한다. 개개인의 목표를 이룰 수 있도록 회사에서도 지원해주고 적극적으로 관심을 보이며 지지한다. 회사에서 개인의 목표를 응원해주고 지원해줄 때 그들도 회사의 목표를 이해하려 하고, 함께 도달하기 위해 노력해주는 것을 볼 수 있었다.

개발하고 싶은 교육 프로그램 제공 : 본인이 배우고 싶은 부분, 강점을 극대화시킬 수 있는 교육 프로그램을 오너가 제공한다면 그 역량을 회사에 마음껏 쓸 수 있다. 〈217〉 교육 프로그램은 디자이너들도 계속해서 성장할 수 있도록 유명한 강사들을 초빙해서 외부교육을 들을 수 있게 해주는데, 그들이 원하는 교육 콘텐츠를 요청받아 진행한다. “이분 핫하고 유명한데, 이분 초빙하면 어떨까요?”라고 의견을 제시받은 후, 회사에서 괜찮겠다는 생각이 들면 강사에게 요청해서 아카데미에서 교육을 받을 수 있도록 지원해주는 것이다. 회사에서 원하는 교육만 시키면 직원들은 불만이 생길 수밖에 없다. 그 안에 숨은 뜻을 직원들은 생각하기 때문이다. 하지만 사심 없이 그들의 성장을 위해 지원한다면 그들이 행복감과 만족감으로 인해 성장하게 된다. 회사만을 위한 교육이 아니라, 직원들에게 물어보라. 어떤 면을 더 채우고 싶은지….

새로운 프로젝트 : 다람쥐 쳇바퀴 돌 듯 늘 똑같은 일만 반복된다면 지칠 수 있다. 신선한 프로젝트를 할 수 있게 해주고 그로 인해 보상까지 준다면 활기찬 날갯짓을 하게 된다. 실제로 우리 매장에서는 각각의 강점대로 파트너, 디자이너, 간부까지 다양한 프로그램을 제공하는데, 파트너 중에서 점판(店販)을 잘하고 두피 관리, 세일즈를 잘하는 친구가 있으면 그 친구를 1레벨 강사로 영입하여 강의하게 하고, 헤어 뿐 아니라 코디를 좋아하는 친구에게는 룩북 촬영을 시키고, 스타일까지 고객에게 전달하게 하고 있다. 고객의 감성을 잘 이해하는 친구는 나와 함께 두피 관리 프로그램을 짜기도 한다. 샴푸를 잘하는 친구에게는 샴푸공주라는 별명을 붙여주고 모든 직원이 그의 스킬을 배워 스킬 업 시킬 수 있도록 한다. 이처럼 계속해서 지치지 않도록 새로운 프로젝트를 많이 만드는 편인데, 직원들의 의견을 반영하여 프로그램을 짠다.

이번달에 우리가 만든 프로그램 3가지를 소개하겠다.

1. 단체방 황무지 체인지 프로젝트 : 언제부턴가 우리 단체방이 공지만 올라오고 답변도 없고 너무 삭막하게 느껴졌다. 그래서 단체방에서 조금 활기차게, 〈217〉스럽게, 재밌으면 좋겠다는 생각을 해서 직원들의 의견을 받았다. 그래서 최종 선택된 것이 '단체방 황무지 체인지 프로젝트', 일명 '단무지 프로젝트'였다. 단체방 황무지를 활기찬 분위기로 바꾸자는 프로젝트였다. 방법으로는 시간이 날 때마다 각 지점에서 지점 파파라치가 되어 동료 사진, 매장사진을 실시간으로 단체방에 올려주는 것이다. 그 프로젝트 주의사항으로는 '사진을 유출하지 말 것', '내 엽사를 다른 곳에서 쓰지 말 것'이었다. 그 프로젝트를 하고 난 후에 단체방에서 정말 재미있는 파파라치 활동들을 많이 보게 되었다. 열심히 일하고 있는 모습, 밥 먹는 모습, 청소하는 모습 등 다양한 사진들을 보니 웃음이 나고, 다른 지점들의 일상도 서로 공유할 수 있으니 더욱 활기차고, 지점끼리도 돈독해지는 것 같았다. 이런 활동들이 돈, 명예와는 크게 상관없지만, 우리 조직원들이 행복하게 일할 수 있는 발판이 된다. 이것이 조직문화가 되고 이 안에서 직원들이 마음껏 역량을 펼쳐 보고 싶은 분위기가 조성된다.

2. 투게더 캠페인 : 한편 앞의 프로젝트에는 참여하는 사람만 참여하고 우리라는 시너지, 즉 협력의 핵심가치를 가지고

있는 〈217〉스러움이 없어지고 있다는 직원들의 이야기에 귀를 기울였다. 우리는 항상 시너지를 내는 조직인데, 요즘 들어 참여하는 사람만 계속 참여하고 다 같이 참여하는 모습이 부족하다는 것이었다. 그래서 함께할 수 있는 행복한 문화를 하나 더 만들자는 의견이었다. 따라서 이름을 '투게더 캠페인'으로 지었다. 투게더 캠페인의 내용으로는 5가지의 의견들이 나왔는데, 선택된 것은 우리는 아름다움을 창조하는 직업이니까 고객님 헤어도 중요하지만, 우리의 아름다움도 중요하다는 것이다. 그래서 우리가 가꿔야지 고객들에게 프로페셔널함을 줄 수 있기에 한 달에 한 번 지점별로 날짜를 정해 뷰티 데이를 갖자는 것이었다. 한 달에 한 번 전체가 남아서 서로서로 머리를 해주자는 의견이었다. 그러면 시간 없어서 염색도 못 하고 펌도 못 하는 것을 우리끼리 헤어 뷰티 데이를 가지면서 외모 관리도 할 수 있고, 투게더 프로젝트이니 서로 함께하는 장점이 있다는 것이었다. 물론 회사에서 이날은 약값을 지원하는 것으로, 복지 혜택을 결정하고 한 달에 한 번 뷰티 데이를 갖기로 하며 너무 좋은 분위기가 형성됐다. 자기 외모 관리를 하면서 자존감도 올라가고, 내가 헤어 모델이 되기도 했으며, 직원들과 함께 헤어를 하니 기술 스터디가 되기도 했고, 더 돈독해지며 재밌는 에피소드들이 많이 생겼다.

3. 유니폼 데이 : 마지막으로는 매주 토요일은 전체 유니폼

데이!! 유니폼을 입으면서 단체 사진을 찍기도 하고 우리의 슬로건인 “we sell confidence”를 외치고 사진을 찍어 고객에게 우리의 가치관을 알리는 시간을 보내곤 한다. 직원들이 오글거린다면서도 엄청 재미있어 하고 좋아한다.

이처럼 매장에 지속적으로 프로젝트를 진행하며 직원들이 살아있음을 느낄 수 있는 문화, 점점 발전하는 살롱의 이미지를 구축해야 한다.

특히 다른 살롱의 원장님들이 우리 〈217〉에 대해 놀라워하는 점은 파트너에게 강사가 될 수 있는 기회를 제공하는 점이다. 이런 이야기를 전국 강의 다니면서 하면 많은 원장들이 ‘파트너에게도 강사 자리를 준다고? 파트너들은 서브를 보는 역할이 아닌가?’하며 의아해한다. 어떻게 파트너가 강사가 될 수 있는지 묻곤 한다. 〈217〉에서는 파트너가 디자이너를 도와 고객님에게 감동을 주는 서포트 역도 하지만, 케어리스트로 고객과 1:1로 감동을 주는 관리사이기도 하다. 전 직원, 모든 파트너들이 트리콜로지스트(Trichologist) 1급 자격증이 있고, 전문가로서 고객에게 다가가기 때문에 보조라는 인식보다 다른 파트를 맡아서 하는 신개념이다. 그들은 보조의 역할보다는 100배의 능률을 올리게 된다. 왜냐하면 ‘매장에서 당신은 서포트의 역할만 할 뿐이야. 보조의 역할을 하는 파트너야.’라고 단정 짓는 순간, 그들의 업무는 보조 이상의 능률을 올릴 수 없게 되는 사고와 구조 속에 갇히게 된다. 하지만 한계를 두지 않는다면 그들은 더욱 높은 능률을 보이고 회사에 필요한 인재가 되기 위해 노력하는 것이다. 실제로 그들의 역량을 단순히 보조로만 단정 짓기엔 너무나 많은 강점들을 지니고 있는 친구들이 많다. 나는 이것을 개발시켜 주고 싶고, 어떤 영역에서는 나, 혹은 디자이너보다도 더 잘하는 분야도 많다. 그 무궁무진한 가능성을 닫힌 구조 속에서 가둬놓는다면 살롱의 발전에 한계를 정해두는 일이 되고 만다.

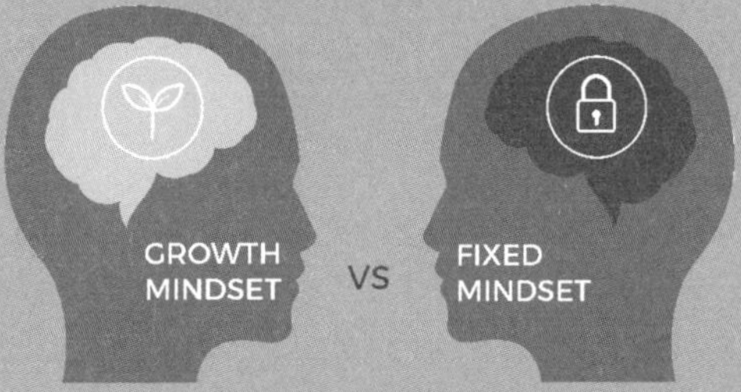
GROWTH
MINDSET
VS
FIXED
MINDSET

Chapter.2

민지 원장의
마인드 레볼루션
필드 실행하기

오랜 시간 동안 꾸준히 성장하며 성공하는 미용인들을 분석해보면, 그들이 단순히 기술만 좋을까? 경력이 오래되어 성공했을까? 자본이 많아 성공했을까?

물론 모두 다 도움이 되겠지만, 그들에게 꾸준히 성장할 수 있는 비결은 다름 아닌 성공할 수밖에 없는 성장마인드였다.

17년간 수많은 미용인들을 만나며 보고, 느끼고 겪다 보니 미용인이 성장할 수밖에 없는 마인드는 따로 있었다. 기술과 모든 능력이 다 받쳐줘도, 이것이 따라주지 않으면 중간에 포기하거나 무너지는 것을 많이 보았다.

이를 크게 나눠 보면 '고정마인드'와 '성장마인드'로 분류할 수 있는데, 그 각각의 특징에 대해 이야기해보겠다.

성장마인드는 흔히 알고 계시겠지만, 특별히 뷰티업계에 종사하는 미용인들을 대상으로 분석하여, 그들이 어떻게 생각하고 행동하는지 분류해 보았다.

고정마인드인가? 성장마인드인가?

고정마인드의 특징

기본 전제는 '나는 이 정도면 됐어. 더 이상 성장하긴 힘들어. 남들에게 잘나 보이고 싶다. 있어 보이고 싶다.'가 기본 마인드이다. 이런 마인드로 인하여 욕구들이 달라지는데, 이들 대부분의 강렬한 욕구는 '자존심 상하기 싫다. 남들에게 있어 보이고 싶다. 잘나 보이고 싶다. 무시 받고 싶지 않다'가 심리적 기저에 강한 욕구로 자리하고 있다. 따라서 타고난 것만 잘하게 되고 나란 존재는 더 이상 성장하기 힘들다는 기본 전제가 되어 있기 때문에 도전 앞에서도 적극적일 이유가 없고, 심지어 도전을 피한다.

문제는 하고 싶지 않으면 혼자서 안 해야 하는데, 내가 그렇듯 모든 사람들도 그대로 있길 원한다는 점이다. 살롱의 예를 들자면, 살롱도 매년 인건비도 오르고 전기세, 물가 등등 모든 것이 변화하기에 생존하기 위해 그에 걸맞는 시스템이 필요하다. 늘 쓰던 약제가 25,000원에 들어온다고 해보자. 성능도 더 좋게 만들어진 18,000원의 약제로 바꾼다고 했을 때, 고정마인드를 가진 디자이너는 살롱이 바뀌는 것을 원치 않는다. 내가 적응된 살롱 시스템 늘 그대로 멈춰있길 원한다. 약제의 경우, 원래 쓰던 걸로 바꿔 달라는 것이다. 그 이유는, 원래 쓰던 약제로 모든 것이 트레이닝 되어있는데, 약제가 바뀌고 난 후부터는 펌을 하는 것이 익숙지 않고 어렵다는 것이다. 조금만 트레이닝 하면 되는데 남아서 연습하고 스터디 하는 것이 귀찮고 싫은 마음이 크기 때문에 살롱도 변화하지 않고 늘 그 자리 그대로 있기를 바라는 것이다. 내가 적응한 대로 멈춰 있길 바라며, 살롱이 시대의 흐름에 맞춰 변화하고 성장하는 걸 싫어한다.

또한 고정마인드를 지닌 사람의 경우 역경 앞에서도 두드러진 점이 있는 데, 너무 쉽게 포기한다는 것이다. 예전에는 미용실이 지역의 영향을 많이 받았다. 강남미용실이라든가, 청담미용실이라든가…. 하지만 SNS가 생겨난 이후부터는 미용계의 모든 것이 바뀌었다. 이때 고정마인드 미용인은 SNS를 '나는 관종이 아니라서 그런 것 못해. 나는 다른 건 다 하겠는데 그런 건 못 할 거 같아'하고 쉽게 포기하고 내 길이 아니라 생각하며 하찮게 여긴다. 심지어 실력 없는 사람들이 하는 것이라고만 단정짓는다. 그러다 보면 결국 타고난 것만 잘하게 된다.

나 또한 SNS가 처음 시작되었을 때 이것이 미용계에 그렇게 중요한 요소가 될 줄 몰랐다. 하지만 새로운 플랫폼이 생겨났기 때문에 뭐든 열심히 해보자는 생각이 강했었고, 그로 인해 미용계뿐만 아니라 모든 업에서 사람들의 소비문화가 되었다. 관종이라서 콘텐츠를 만들어 올리는 시대가 아니라, 이제는 삶의 일부분이 되었기 때문이다. 아마 아직도 SNS를 안 하는 미용인은 거의 없으리라 생각된다.

하지만 고정마인드를 지닌 사람은 다른 사람들이 자신에게 피드백을 하거나 비판을 하게 되면 못 견딜 정도로 자존심 상처를 받으며, 비판이나 피드백을 받는 것을 싫어한다. 앞서 이야기했듯, 고정마인드에 빠진 미용인은 가장 강렬한 욕구는 '남들에게 잘나 보이고 싶다. 자존심 상하기 싫다'는 마음이다. 따라서 이미 잘하는 것만 하려고 들고, 하던 것만 잘하게 되는 것이다. 새로운 변화의 필요성에 대한 피드백을 들으면 온종일 견디지 못하며, 그로 인해 단점을 보완하거나 새로운 변화를 시도하기가 점점 힘들어진다.

또 한 가지, 두드러진 점 중 하나는 남이 성공했을 때의 반응이다. 남의 성공에 대해서는 위기감을 느끼며 시기, 질투를 느낀다. 누군가가 잘 되는 것을 상대가 노력해서 얻어진 결과물로 받아들이지 않고, 인정할 수 없다며 그들을 깎아내린다. 나아가 뒷담화를 통해 자기 안도감을 느끼며 우월감을 느끼고자 한다.

이러한 마인드로 인한 결과, 현재 수준에 정체가 되고 잠재력을 발휘하지 못하게 된다. 이것이 바로 고정마인드에 대해 내가 가장 무섭다고 느끼는 점이다. 1년 전이나 3년 전이나 많이 달라진게 없게 된다. 어떤 외부적 요인이 아닌, 스스로가 그렇게 멈춰있길 원하는 것이다.

반면 성장마인드의 특징은 이와 대조적인 면을 보인다.

성장마인드의 특징

성장마인드의 기본전제는 '나는 계속 성장할 거야. 성장에 한계란 없어. 매일 성장하고 싶어. 시간, 비용을 투자해서라도 내가 성장할 수만 있다면 계속해서 나를 가꾸고 성장시킬 거야'라는 마인드 셋팅에 있다. 이로 인해 고정마인드와는 조금 다른 욕구를 보이는데, 보이는 것 자체보다는 실제로 내가 성장하고 있는지 여부를 더 중요하게 여긴다. 타인에 의해서가 아닌, 내 스스로 평가를 한다. 내가 열심히 하고 있는지, 내가 계속 성장하고 있는지…. 성장마인드에는 다른 사람들에게 있어 보이는 것, 잘나 보이는 것이 크게 중요하지 않다. '스스로 더 단단히 다지고 싶다'라는 욕구를 가지고 있다. 또한 도전 앞에서는 실패할지라도 성장할 수 있다면 도전을 받아들인다. 도전했을 때 성공할 것, 실패할 것, 얻는 것, 잃는 것을 따지지 않고 이 도전으로 인해 나라는 사람 자체가 성장할 수 있는가 없는가를 점검한다.

또 살롱의 새로운 환경을 빠르게 받아들인다. 살롱의 문화에 맞춰 변화해야 내가 더 성장할 수 있음을 아는 것이다. 이들은 순종적이어서가 아니라, 살롱의 환경에 재빨리 적응해야 본인들이 이곳에서 성장을 이룰 수 있다는 것을 명확하고 똑똑히 알고 있다. 시대가 변하면서 살롱 또한 계속해서 변화해야 한다. 지난 연도에 했던 프로젝트가 이번 연도에 먹힐 리가 없다. 매년 새로운 프로젝트를 세워야 하며, 매달 새롭게 해야 트렌드가 빠르게 바뀌는 미용 시장에서 살아남을 수 있다. 성장마인드 미용인은 이를 지능적으로 똑똑하게 알고 받아들인다.

이들에게 역경이란 위기를 기회로 바꾸는 기회이다. 예를 들면, 코로나 시기, 모두가 다 장사가 안된다며 포기하고 있을 때, 이들은 그렇게 생각하지 않았다. 어떤 미용실은 '다른 곳도 다 안된대. 다른 곳도 손님이 없대. 코로나인데 어쩔 수 없지. 이건 우리 탓이 아니잖아, 재난인데. 이건 어쩔 수 없는 부분이잖아'하고 포기하고 있을 때 성장마인드를 갖춘 미용인은 '이 위기를 기회로 만들려면 어떻게 해야 할까? 이럴 때일수록 방역을 철저히 해서 위생적으로 완벽하게 하자, 아니면 리모델링을 해서 고객 동선이 겹치지 않게 청결한 미용실로 만들자, 이럴 때 마스크도 구하기 힘든데 마스크를 대량 주문해서 우리 동네 사람들에게 무료로 배포하자' 등의 아이디어를 구상하고, 남들이 멈춰있을 때 더 많은 노력으로 코로나 시기에 오히려 살롱이 성장하고, 고객에게 사랑받으며, 신뢰받는 살롱이 되기도 하였다.

이처럼 위기를 기회로 바꾸는 이들이 있다. 또한 이들에게 노력이란 하찮은 것이 아니라 당연히 완성을 하기 위한 도구, 타고 난 것만 잘하는 게 아니라 분명 개발하면 더 잘할 수 있는 것들이 있을 거라며 단점 또한개발하는 과정이다. 어떤 걸 더 개발할지 사람들에게 물어보며 피드백을 듣고자 한다. 피드백을 무서워하지 않으며, 피드백을 들었을 때 감정과 성장의 피드백을 분리를 잘한다. 고정마인드는 피드백을 했을 때 감정을 개입시켜 '내가 싫어서 나에게 지적하네'라고 느끼며 기분 나빠하지만, 성장마인드는 이게 나를 인신공격하는 피드백인지 나의 성장을 위한 피드백인지 정확하게 구분하고, 성장을 위한 피드백이라면 감사하게 받아들인다. 또 그 피드백을 바탕으로 보완하고, 고치려고 노력하는 것이다. 피드백 듣고 잘못된 점을 깨달으면 바로 수정하려 노력한다.

성장마인드가 고정마인드와 다른 특징 중 또 한 가지는 남의 성공에 대한 반응이다. 이들은 시기, 질투, 위기감을 느끼는 것이 아니라 영감을 얻는다. 배우고자 한다. 분명 사람은 장단점이 존재한다. 하지만 이들에게는 단점보다는 어떻게 그들이 잘되었는지, 어떻게 성공시켰는지 쫓아다니면서 배우고자 한다. 나보다 나이가 어릴지라도 배울 것이 있으면 자존심 상해하지 않고 겸손하게 배우고자 한다는 것이다.

이처럼 마인드 차원의 작은 차이가 시간이 감에 따라 누적되어 결과적으로 잠재력을 발휘하게 된다. 최고의 성과를 낸다. 한 달 후, 일 년 후, 3년 후가 다르며, 남들에게 보이는 것이 아닌, 나 스스로가 앞으로 할 수 있음을 믿게 된다. 스스로 나를 보았을 때 설레고, 앞으로가 더욱 기대되는 상태가 된다.

샵의 존재가치(사명)가 있는가?

나의 존재가치(사명)

미용실 운영 8년 차. 열심히 바닥을 쓸고 닦고 샴푸하는 직원들에게 미용을 왜 하는지, 어떤 마음으로 하고 있는지에 대해 물어봤다.

"왜 이 일을 해요?"라고 물어봤더니 어떤 직원은 "먹고 살려고 일해요. 진짜 힘들어요"라고 대답했고, 다른 직원은 "손재주가 있는 편이라 미용 일을 선택해서 열심히 기술 배워서 최고의 아티스트가 될 거예요."라고 대답했다. 또 어떤 직원은 "고객님이 행복해하는 모습이 너무 보기 좋아요. 제가 헤어를 해드리고 나면 자신감을 되찾는 모습이 너무 행복해요. 고객님을 행복하게 해드리기 위해 깨끗하게 청소하고 고객님께 힐링을 드리고 싶어서 피로가 풀리도록 스파 샴푸도 해드리고, 미용일이 즐거워요"라고 이야기를 했다. 이 밖에도 여러가지 이유로 모두가 같은 일을 하지만, 일의 이유는 각각 다르다. 일을 하는 가치가 모두 다름을 알 수 있다.

우리는 각자가 본인의 일에 어떤 가치를 부여하고 있는지, 또는 어떤 가치를 제공하고 있는지를 곧 나는 존재가치로 삼으며, 이를 다른 말로 다른 말로 사명이라고도 한다. 사명은 사람마다 다르고, 회사마다 다르다. 회사를 만들 때 사명 없이 설립하는 곳은 없다. 예컨대, 삼성은 '인재와 기술을 바탕으로 최고의 제품과 서비스를 창출하여 인류사회 공헌'을 하기 위해 존재한다. 오뚜기는 '국민의 식생활 향상에 이바지' 하기 위해 존재한다. 교보생명은 '사람들이 미래의 역경에서 좌절하지 않게 돕기 위해' 존재한다. 이처럼 회사마다 사명이 존재한다. 우리 또한 '그냥 손재주가 좋아서요. 먹고 살려고요' 이상의 것이 필요하다. 그래야 지속할 수 있기 때문이다. 돈만을 위해 미용을 하는 사람은 오래 일할 수 없으며, 기술만 가지고 미용실을 이끄는 것 또한 한계가 있을 것이다.

회사의 사명이 될 수도 있고, 개개인의 사명이 될 수도 있다. 개인 스스로가 왜 존재하는지, 어떤 사명을 가지고 미용을 하는지 정의할 수 없다면 미용실을 선택할 때도 내 가치관, 내 사명이 맞는 곳으로 취업을 하는 것이 아닌, "얼마 주는데요? 밥은 뭐 나오는데요?" 등의 부수적인 요소에 따라 내가 평생을 성장할 공간을 선택하게 된다. 앞에서 마인드 셋팅이 완료가 되었으면 그다음으로 해야 할 일은 나의 존재가치를 설정하는 것이다. 내가 왜 미용사로 존재해야 하는지, 내가 왜 미용을 하는지 정의할 수 없다면 우리는 그저 기계같이 하루 벌어 하루 먹고 사는 단순 노동에 불과할 것이다.

그렇다면 우리는 미용사로 왜 존재하는 걸까? 우리는 고객에게 어떤 가치를 주는 사람일까? 한 번쯤 고민해볼 필요가 있다. 미용은 사람을 계속 만나는 직업이다. 사람을 만나 사람을 감동시켜야 성공할 수 있는 직업이다. 그렇기에 미용 사업의 핵심은 '사람'이다. 그렇기 때문에 사람은 어떤 존재인지 배우고 공부할 필요가 있다.

사람의 존재 이유는 여러가지가 있겠지만, 의미 있는 일을 하고자 한다는 점은 공통적이다. 사람은 자신의 일에 의미와 목적을 느끼고 싶어한다. 자아실현, 성장 등 사람들은 자신의 잠재력을 실현하고 싶어한다. 성장할 수 있는 기회가 제공되는 것을 행복으로 느낀다.

사람은 사랑받고, 인정받고자 한다. 사람은 어쩔 수 없이 누군가에게 예쁨을 받고 싶어하고 인정받으려는 욕구가 있다. 그로 인해 자기가 살아있음을 느끼고 '내가 필요한 존재구나.'라고 느끼게 된다.

사람은 자기 개성을 인정받길 원한다. 자기가 좋아하는 것, 자기 취향, 자신을 편견 없이 바라봐 주길 원한다. 함께 일하는 직원들도, 우리 매장에 찾아오시는 고객에 대해서도 마찬가지이다. 그렇다면 살롱에서는 단순히 돈만 벌기 위함이 아닌, 사람에게 어떤 가치를 줄 수 있는지, 사회에 어떤 가치를 줄 수 있는지 생각해봐야 한다.

하지만 많은 미용실에서는 이익 창출만을 목적으로 미용실을 오픈하며, 사회에 가치를 주는 것보단 얼마나 돈이 되는지 안 되는지만을 기준으로 사업을 하며, 중요사항을 결정짓곤 한다.

단언컨대, 이것만으로는 부족하다. 살롱도 회사처럼 사회적 가치가 있어야 한다. 살롱이 존재가치를 세워야 하는 이유는 다음과 같다.

회사는 사회의 일부이기 때문에 사회에 긍정적인 영향을 끼쳐야 함께 생존할 수 있다. 그렇기 때문에 사회적 가치 창출과 지속가능한 발전에 기여해야 한다. 미용실은 사람을 통한 비즈니스이기 때문에 사람에게 만족과 감동을 줘야 이익을 창출할 수 있다. 고객에게 얼마나 감동과 만족을 주냐에 따라 성공과 실패가 달려있는데, 단순히 돈만을 좇아간다면 고객을 고려할 수 없게 되므로 우리는 가치를 꼭 적립해야 한다.

인간의 심리 중 자아실현을 하고자 하는 욕구가 있기에 단순히 돈만을 목적으로 하면 자아실현의 충분한 조건이 되지 않음으로 이 회사에서 함께 자아실현을 하고 가치를 찾아가는 것 자체가 성취감으로 다가올 수 있도록 해야 한다. 이는 인재 확보로 이어지게 된다. 회사에 가치관이 있다면 사회적으로 긍정적 이미지와 브랜딩이 되기 때문에 고객에게 우리다운 이미지를 심어줄 수 있다.

그렇다면 우리의 살롱은 이 세상에 왜 존재하고 있는 걸까? 고객에게 어떤 가치를 주고 있는 걸까? 이 문장을 계속해서 스스로에게 질문했다. 고민 끝에 내려진 나의 존재가치(사명)를 고객님들과 상담하다 보면 모두가 저마다 매력과 향기가 다르고 각자 예쁜데, 사람들은 생각보다 자존감이 매우 낮고 자기 자신에 대해 모르는 것을 보았다.

우리에겐 저마다 타고난 향기와 매력이 있다. 누구는 동그랗기 때문에 너무 귀여워서 사랑스러워 보이고, 누구는 턱이 묵직하기 때문에 고급스럽고 지적으로 보이며, 누구는 나긋나긋한 목소리에 정말 힐링되는 이미지이고, 누구는 또 통통 튀는 매력 때문에 사랑스러운 기분이 든다.

사람은 누구나 자기만의 고유의 매력을 가지고 있는데, 미용실에 있으면 자존감이 많이 무너진 고객들을 볼 수 있었다. 그래서 나는 항상 자존감을 올려주는 상담법을 썼고, 단점 보완도 중요하지만 그들의 장점과 매력이 뭔지 알려주었다. 그랬더니 자연스레 고객이 늘어났다.

앞서 언급했듯 인간은 사랑받고 싶어 하고, 인정받고 싶어

하며, 내가 누구인지 알고 싶어 한다. 내가 어떤 강점을 지니고 있는지, 그래서 나는 헤어를 잘하는 것도 중요하나 사람을 위로할 수 있고 사랑해줄 수 있는 근본적인 마음이 더더욱 중요하다고 매번 강조하며 우리 직원들에게도 그렇게 전달한다.

나의 사명, 즉 우리 〈217〉헤어살롱의 사명은 이것이다. 자신에 대해 자신 없는 이들에게 외면, 내면의 아름다움을 통해 자신감을 찾아주기 위해 존재한다. 이 존재가치를 바탕으로 우리는 미용을 통해 성장도 하고 자아실현도 하며 내가 누구인지를 찾아가고 있다.

샵의 핵심가치가 정리되어 있고 전 직원이 공유하고 있는가?

존재가치를 정했다면 조금 더 디테일하게 핵심가치를 정해야 한다. 핵심가치는 삶의 방향성이 되어준다. 나침반같이 내가 길을 잃어버리지 않기 위한 기준점을 세워야 하는 것이다. 미용실 운영을 하다 보면 미용사가 되고 싶어서 간절한 친구들이 면접을 보고 살롱에 입사한다. 미용사가 너무 되고 싶어서 매일 새벽 12시까지 남아서 연습하고, 울고 웃고 미용에 전념하지만, 그렇게 힘들게 미용사가 되고 나면 슬럼프가 찾아온다. 그토록 바라고 원하던 미용사가 되었는데 행복하지가 않다는 것이다.

대부분 파트너 때는 미용사가 되기 위해 온 힘을 다해 연습하고 교육받고 트레이닝을 한다. 하지만 막상 디자이너가 되고 나면 '내가 뭘 위해 이리 달려왔는가, 내가 생각하는 미용사가 아니네?'하며 '앞으로 어떻게 미용을 해야 하나?'하며 슬럼프와 자괴감에 빠져든다. 목표를 잃어버리는 것이다.

간절히 원했음에도 불구하고 목표를 잃어버리는 이유는 핵심가치를 세우지 못해서이다. 핵심가치는 방향이 되어주고 올바른 길로 인도해주는 나의 가장 중요한 가치관이다. 이 핵심가치를 정해둬야지만 목표를 잃어버리지 않고 길을 잃어버리지 않는다. 또 근본적으로 내가 원하는, 도달하고 싶은 가치를 찾아 준다. 예를 들어, 내가 미용실 운영을 하면서 매장 50개 만들기가 목표라면 단순히 그 목표 달성으로 행복해질 수 있을까? 절대 아니라고 본다. 내가 추구하는 삶이 무엇인지를 생각해봐야 한다. 나는 선한 사람이 되고 싶다. 자존감이 없는 사람들에게 선한 영향력을 끼치고 그들이 조금이라도 나로 인해 영감을 얻길 바란다. 그리고 부차적으로 부는 따라오길 바란다.

단순히 내가 무슨 짓을 해서라도 50개 매장만 갖게 된다면, 나는 당연히 저절로 행복해질까? 이것은 내가 원하는 삶의 방향이 아니다. 나는 내 안의 핵심가치를 정했고, 목적 달성을 했다 하더라도 그 안에 내가 진정으로 행복할 수 있는 가치관대로 살았는지가 중요한 지표가 되는 것이다. 나 김민지의 사업 인생은 핵심가치가 있었을 때의 김민지와 없었을 때의 김민지로 나뉜다. 핵심가치가 명확하지 않고 흔들렸을 때는 뚜렷한 가치관이 없었기 때문에 돈만을 좇으며 움직였다. 나는 이것이 내 꿈이고 목표인 줄 알았다. 돈이 많이 생기면 나는 무조건 행복할 줄 알았다. 이게 "돈이 된대, 이게 유행이래, 이거 해야 한 대" 등의 말로 움직였다. 혹은 "누가 이번에 여기에다 샵 오픈해서 대박 났대" 등 사람들이 하는 말들을 의식하며, 좇으며 신경 썼다. 그러다가 내 인생에 가장 힘들었던 큰 사건이 터지게 되었다.

중학교 때부터 미용을 했던 나는 일찍이 디자이너를 달게 되었고, 강남에서 잘나가는 디자이너가 되는 것을 목표로 뒀다. 1년도 안 되어 그 꿈을 이뤘고, 내가 속한 브랜드에서 전 지점 통합 매출 1등을 한 후 내 고향 목포로 내려와 떨리는 마음으로 미용실 첫 오픈을 했다. 오픈하자마자 손님이 끊이질 않았고, 매장에 자리가 없어서 기다리시는 고객님들이 넘쳐났다. 하루 이틀로 그치는 '오픈빨'이 아니었고, 끊임없이 고객들이 불어나며 장사가 매우 잘 되던 차에 강남에서 함께 일했던 동료들이 강남 근처에 매장을 줄줄이 오픈했다는 소식을 전해 듣고 지난 강남에서의 삶이 너무 그리웠다. '이 정도면 서울에서도 잘되겠는데?'라는 오만함이 실행으로 이어져 무턱대고 그 길로 서울 가로수길에 2호점을 오픈하게되었다. 가로수길 2층짜리 독채 건물에 잔디를 깔아 정원을 만들고, 2억 가까이 들여 인테리어를 하고, 집기 사고 했고, 그 규모에 맞게 디자이너도 뽑고 인턴도 뽑아야 했기에 많은 인원들과 첫 스타트를 함께하게 되었다. 그리고 오픈을 했는데, 웬걸, 나만 고객이 넘쳐났고 다른 디자이너들은 고객이 한 명도 없어서 집에 돌아가기를 몇 달을 반복했다. 이러한 결과를 예상 못 할 만큼 너무나도 막무가내로 아무런 가치와 비전, 목표도 없이 저지른 탓에 발생한 결과였다. 첫 사업이 대박 나자 내 머릿속에 온통 자리 잡은 '나는 뭘 해도 잘될 것'이라는 오만함 때문이었다. 1년을 장사해도 나아지질 않자 나는 샵을 접어야만 했다. 미용실은 차리면 다 잘 되는 건 줄 알았던 내가 너무 오만했고, 나 한 명만 잘되는 건 쉬우나 전체를 잘되게 하는 것은 어려우며, 이것은 경영적인 문제이고 나는 아직 경영자가 아닌 디자이너에 지나지 않았다는 것을 그때 뼈저리게 깨닫게 되었다. 사업이라는 것은 남을 의식해서도 안 되고, 남의 말을 들어서도 안 되며, 나의 정확한 철학이 있어야 하고, 내 사업의 가치관이라는 게 존재해야 한다는 것을 이 경험을 토대로 배우게 된 것이다.

핵심가치를 세워야 하는 이유는 이것이다. 사람에게는 계속해서 선택을 해야 하는 상황이 온다. '이걸 할까? 저걸 할까? 이렇게 해야 하나?' 등 핵심가치를 세워두면 중요한 선택에서 남들 이야기가 아닌, 돈만 좇는 게 아닌 나다운 괜찮은 선택을 하게 되고, 나의 가치를 훼손시키지 않으면서 시간 낭비를 하지 않게 해준다.

나는 그 후로 몇 년을 경영 공부를 했으며, 그렇게 우리의 사명과 핵심가치가 탄생했다. 이 핵심가치가 세워진 그 날 이후부터는 누구의 말에도 휘둘리거나 흔들리지 않으며 우리다운 브랜드를 만들어 갈 수 있도록 도와주는 지표가 되고 있다.

핵심가치를 정할 때는 로드맵을 그려보는 것을 추천한다. '나'라는 사람을 가운데 쓰고, 내가 하는 것, 내게 중요한 가치, 내가 중요하다 생각하는 것, 내가 하고 싶은 것, 내가 앞으로 할 것 등 자유롭게 나에 대해 가치관 로드맵을 그려보았다. 나에 대해 알고, 내가 누군지, 내가 뭘 좋아하는지, 내가 뭘 잘하는지, 그것을 바탕으로 사람들에게 어떤 가치를 줄 수 있는지를 생각해 보는 것이다.

나의 핵심가치 3가지는 이것이다

- 진정성 : 누구를 만나도 나는 진정성 있게 그들을 대할 것이다. 가장 나다운 게 진정성이라 생각한다. "하루하루 한 사람 한 사람을 대할 때 가식적이거나 진정성 없는 모습으로 대하지 말자"가 나의 중요한 가치관 중 하나이다.
- 성장 : 나라는 사람은 어떤 결괏값을 원해서가 아니라 매일 성장해야 숨 쉬는 느낌이 든다. 나란 사람은 도태되는 것 자체를 너무 싫어하고, 끊임없이 배우고 성장하고자 하는 사람임을 깨달았다. 이게 가장 나답고 행복하다.
- 선한 영향력 : 사람들에게 영향을 끼치는 걸 좋아하는데,

나로 인해 긍정적인 영향을 끼치기를 바란다. 사람들에게 나쁜 영향이 되는 일은 하지 않을 것이다.

이렇게 나의 핵심가치 3가지가 정해지고 나니, 나는 어떤 것을 결정할 때 더 이상 친구의 말에, 부모님의 말씀에, 그 누구의 말에도 쉽게 결정을 내리지 않는다. 오로지 내 핵심가치들을 바탕으로 판단하고 결정을 내리며, 그 결정에 확신을 갖는다.

'모든 사람들에게 진정성 있게 행동했는가? 가식과 거짓의 마음이 아닌, 정말 진정성 있게 그들을 대했고 나 스스로 떳떳한가?'라고 물었을 때, '그렇다'라는 답변이 나오면 오늘 하루 핵심가치대로 열심히 산 보람을 느낀다. 그리고 이 프로젝트가 나에게 "성장을 가져다주는가?"라고 질문을 했을 때, "너무나도 그렇다"라는 답이 나오면 머릿속으로 '하기 싫은데, 힘들 거 같은데' 이런 마음이 들어도 나는 '예스'로 결정한다. 또한 '선한 영향력을, 사람들에게 부정적인 나쁜 기운이 아닌, 좋은 영향을 줄 수 있는 프로젝트인가?' 가령 'A와 b 중 어떤 게 더 선한 영향력을 끼칠 수 있는 프로젝트인가?'라는 질문에 따른 답변대로 중요한 의사결정을 하는 것이다.

이처럼 핵심가치는 중요한 일을 결정할 때 나다운 결정을 하게 해주고, 이 나다운 결정들이 모이고 모여 '김민지스러움', '김민지답다'라는 나만의 이미지, 브랜드가 구축되는 것이다. 그리고 나답게 살다 보니 타인에 의해서가 아닌, 나만의 삶을 살게 되어 행복해지는 것이다. 여기저기 나의 결정을 물어보지도 말고 나의 인생을 남의 손에 맡기지도 말라. 내 인생은 내가 결정해야 하며, 나다운 결정들이 모이고 모이는 경험을 해야 자존감 또한 안정적이게 된다.

아울러 미용실 원장이라면 살롱의 핵심가치 또한 정해야 한다. 핵심가치는 살롱의 방향성이 되어줄 것이다. 살롱의 핵심가치를 정했다면 출정식이나 워크숍을 통해 전 직원에게 공유하라. 우리 살롱이 이러한 방향으로 갈 수 있도록 전 직원과 공유하며 한 방향으로 가게 하라. 혼자만 알고, 혼자만 실천하고, 경영자만 뛰는 것은 살아 숨 쉬는 경영이 아니다. 모든 직원에게 공유하고 그들이 그렇게 한 방향으로 뛸 수 있게 하는 것, 그것이 진정한 경영이다. 규모가 크건 작건 간에, 직원 단 1명만 있어도 경영자가 세운 핵심가치를 그 직원이 공감하고 알 수 있도록 공유해야 한다. 〈217〉헤어살롱의 핵심가치는 다음과 같다.

1. 성장
2. 시너지(협력)
3. 건강한 아름다움

이 세 가지이다.

성장

전 직원이 도태되지 않고 매일 성장을 목표로 두며, 기술적으로는 매달 새로운 트렌드를 배우고 성장하는 것이다. 더불어 인간적으로도 성숙해지며 타인을 이해하고 행복하게 해줄 수 있을 정도로 내면의 성장을 하는 것이다.

시너지

혼자만 하는 성장하는 것이 아니라, 우리는 한 몸임을 인지하고, 함께 협력하며, 돕고, 시너지를 내는 것이다.

건강한 아름다움

우리의 업종은 미용업이다 보니 외적으로도 항상 자기관리에 힘쓰며 나에 대해 잘 알고 꾸밀 줄 알며 내적으로도 자존감이 안정적어야 한다. 따라서 밸런스를 이루는 건강한 아름다움을 세 번째 가치로 정하였다. 전 직원이 이를 알게 하고, 이 가치대로 살롱을 성장시키기 위해 함께 노력하고 있다. 출정식 때도 어떻게 하면 이 세 가지 가치대로 살롱을 키워낼 수 있을지 함께 의논하곤 한다. 또 이 핵심가치 세 가지가 잘 확립된 직원이 우리의 인재상이고, 이 가치를 갖춘 이들에게 직급을 맡기며, 〈217〉의 미래를 함께 그릴 수 있는 자격을 준다. 〈217〉에서는 단순히 매출만 많이 한다고 직급을 주지 않는다. 매일 성장하는지, 협력하려 매일 노력하는 사람인지, 외적으로도 자기관리를 잘하며 내적으로도 멘탈이 안정적이고 자기관리를 하는지를 꾸준히 지켜보는 것이다.

샵의 핵심가치가 아직 정해지지 않았다면 하루를 투자하여 깊게 고민하여 만들고, 그 가치를 혼자 아는 것이 아닌, 전 직원과 공유하라. 엄청난 시너지를 보게 될 것이다.

샵의 목표를 함께 세웠는가?

핵심가치가 세워졌다면 다음은 목표설정이다. 사명과 핵심가치는 경영자의 역할이지만 목표는 경영자와 조직원이 함께 설정해야 시너지가 난다. 경영자가 목표설정까지 다 정해서 지시만 한다면 아마 직원들은 깊이 공감하지 못할 것이다. 나 역시도 직원이었을 때 그랬다.

8년 차 경영을 하면서 보니 직원들이 원하는 목표와 회사의 목표가 크게 다르지 않다는 것을 깨달았다. 직원들의 목표는 성장이다. 그로 인한 성공이다. 회사의 목표도 마찬가지이다. 매일 성장이다. 그로 인해 고객에게 사랑받을 수밖에 없는, 오래오래 지속되는 브랜드를 만들어 가는 것이 목표이다.

결국 직원들이 우리 살롱에서 잘되면 잘 될수록, 성장하면 성장할수록 살롱도 성장하고, 꾸준하게 지속 가능한 브랜드가 되어가는 것이다.

하지만 대부분이 이것을 모르니 살롱 따로, 나 따로 따로따로 보는 것이다. 회사에서 목이 터져라 "성장해야 한다. 회사 성장시켜야 한다" 이야기해도 내 일이 아니라 생각하고 관심이 없고, '회사는 오너의 것. 내 것은 아니니까'하고 살롱에 애착을 갖지 못하는 것이다. 따라서 직원들이 원하는 것이 회사도 원하는 것이며, 회사가 원하는 것은 직원들이 잘되고 성장하게 되면 따라오는 것임을 서로가 인지하도록 해야 한다. 그래야 회사의 성장도 직원의 성장이 되고, 직원의 성장 역시 회사의 성장에 일부가 되는 것이다.

이것을 대부분의 직원들은 모르기 때문에 충분히 알려주고 전달해야 한다. 그것이 동기부여이다. 오너는 옳은 길을 가도록 동기부여를 할 수 있어야 한다. 리더십을 구현해야 한다.

오너 혼자 뛰는 게 아니라 전 직원이 함께 그 가치를 바라보고 앞으로 나갈 수 있게 만들어줘야 한다. 하지만 직원들에게 살롱의 목표를 이야기하기 전, 오너들도 직원들의 원하는 가치와 목표들을 충분히 알아보아야 한다.

그러면 일반적으로 직원들이 원하는 가치를 한번 알아보자.

1. 자아실현을 위한 목표설정 : 매장의 목표 이전에 직원들은 개인의 목표가 있다. 이는 나쁜 게 아니다. 전체 목표도 중요하지만, 개개인의 목표는 자신의 동기부여와 연관이 깊기 때문에 개인적인 목표를 설정하는 것도 중요하다. 이러한 목표는 개인이 가치를 두고, 성취하고자 하는 것일 수 있다. 예를 들어, 자신의 열정과 관심사에 기반하여 경력적인 목표, 창의적인 목표, 인간관계적인 목표를 설정한다.

2. 기술 및 역량개발 : 직원들은 헤어 기술이나 개인의 역량을 발전시키는 것을 굉장히 중요하게 생각한다. 이 또한 회사에서는 중요한 부분임을 인식하고 그들에게 필요한 역량 개발의 시스템을 제공해야 한다.

3. 삶의 의미와 가치 : 직원들은 살롱에서 삶에 의미와 가치를 부여하곤 한다. 고객님께 칭찬을 받았거나 고객에게 사랑을 받았을 때 행복을 느끼고 부정적인 피드백을 받을 때도 역시나 많은 영향을 받게 된다. 개인의 가치관과 신념을 탐구하고, 자신이 중요하게 여기는 가치를 실천하는 방향으로 일을 하며, 동료들과도 자신이 추구하는 신념을 바탕으로 관계성을 쌓아나간다.

4. 창의적인 활동과 자기 표현 : 직원들은 회사에 갇히고 답

답함을 느끼는 것을 싫어한다. 이곳에서 자신의 창의성을 발휘하고자 한다. 그게 욕구이다. 여러가지 창의적인 자기 표현을 통해 자아를 드러낸다.

5. 개인의 성장과 도전 : 살롱은 자꾸 성장하는 것 같은데 자신에겐 성장할 기회가 없다고 생각하면 직원들은 100% 그 살롱을 떠나게 된다. 회사의 성장도 중요하지만, 직원들은 자기 성장을 추구하고, 새로운 도전을 원한다.

고객을 대할 때도 직원을 대할 때도 상호작용이 중요하다. 어떤 전문성이 있는 물건을 구입할 때 그에 해당되는 자료나 이론이나 정보가 이해가 되고 납득이 가야 구매로 이뤄지지 않는가?

직원들에게도 회사의 목표가 쏙쏙 이해되고 나와 연관되어있다는 것이 납득되어야 그들이 적극적으로 움직일 수 있게 된다. 회사일, 내 일, 네 일 다 구분하게 되면, 그것도 모든 직원이 그렇다면 정말 시너지, 협력과는 거리가 멀게 될 것이다. 직원들이 납득이 가야 실천력이 올라가는데, 일방적으로 공유하였을 때는 소통이라는 단어가 빠지게 됨으로 적극성을 볼 수가 없다.

소통을 하며 가는 경영방식을 선택한 이후부터는 〈217〉헤어살롱에도 많은 것이 달라졌다. 나보다 적극적인 직원들이 생겼고, 살롱에 엄청난 애착을 갖기도 하며, 적극적으로 자신이 성장의 발판으로 삼고 윈윈하려는 마음가짐을 볼 수 있었다. 이렇게 개개인의 마인드가 달라지니 회사는 점점 성장하게 되었고, 지점이 하나둘 늘어나며 〈217〉의 리더들도 배출이 되고 있다.

그들의 니즈는 결국 개개인의 성장, 행복, 자신이 원하는 꿈을 이루는 것이다. 회사도 다르지 않다. 그들이 성장하고 성공해야 회사가 성공한다. 우리는 결국 같은 목적을 가지고 움직이는 것이다. 따라서 함께 계획을 쌓고 소통하며 가야 한다. 하지만 오해하면 안 될 것이, 직원들과 함께 소통하고 뛴다고 해서 경영권을 직원에게 휘둘리거나 갈피를 못 잡고 의지하면 안 된다. 경영에 관련된 문제들은 오로지 경영자가 처리해야 한다. 경영자는 경영을 해야 하고 그들이 공감하게, 동기부여 받게 만들어 계획을 달성하고 회사를 계속해서 성장시켜야 한다.

하지만 오너가 해야 할 일을 직원들에게 맡기는 경영자들이 생겨나고 있다. 절대 경영에 관한 결정권은 직원들에게 맡겨선 안 된다. 소통과 의지를 헷갈려서는 안 된다. 많은 미용인 경영자들이 착각하는 것이, 직원들에게 좋은 복지를 주어야 한다며 그들이 하자는 대로 이리저리 제도를 계속해서 바꾸고 우왕좌왕하다가는 결국 경영에 실패하며 아무도 그를 신뢰하지 않는 상황을 초래하게 된다는 점이다.

직원들이 해달라는 대로 해주면 물론 처음에는 직원들이 감사하며 행복해 한다. 하지만 규칙과 제도를 잃어버리는 순간 체계 없는 구멍가게가 되고 만다. 차라리 성과금이나 보너스를 주면 몰라도 직원들의 말만 따라 시스템을 계속해서 바꾸는 것은 옳지 않다.

또한 경영자는 직원들이 꿈을 이룰 수 있도록 적극적으로 밀어줘야 한다. 그렇다면 살롱에서 하는 프로그램, 살롱에서 주최하는 교육, 살롱에서 잘될 수 있는 프로젝트들을 열심히 참여하며, 고객에게 사랑받고 살롱을 성장시키는 것이 곧 그들의 성장과 성공으로 직결되는데, 너무나도 당연한 이 사실을 직원들은 따로따로라 생각하고 서로 분리시킨다.

살롱은 살롱, 나는 나. 하지만 우리는 연결되어있다. 무너져가는 살롱에서 나 혼자 성장하고 잘될 리가 없다. 성장하는 살롱이라야 나도 성장의 기회가 있는 것이다. 따라서 살롱이 성장해야 내게 기회가 생기는 것이고, 내가 그 안에서 성장하려 노력하면 살롱도 성장하는 것이다. 살롱이 잘되면 곧 내가 잘 되리라는 희망을 품어야 한다. 살롱에 위기가 찾아오면 곧 나의 위기라 생각하고 대처해야 한다. 직원들은 살롱이 '나'라는 사람으로 인해 성장할 수 있도록 돕는 것을 목표로 삼아야 한다. 조직 안에서 개인의 것만 추구하는 사람은 멀리 보지 못하는 사람이며 살롱이 잘 되어야 내가 잘 된다는 개념을 알지 못하는 사람이다.

우리는 한 팀이다. 한 팀을 분리하려 하지 말고 어떻게 시너지를 낼지를 고민해보라. 그러면 살롱의 목표가 개인의 목표가 될 수 있고, 개인의 목표들이 합쳐져서 살롱의 비전이 되는 것이다. 살롱의 비전을 서로 공유하여 개개인의 가치로 연결해주는 것을 직원들은 모르기 때문에 오너가 비전을 제시하고 길을 알려줘야 한다. 이것은 리더십의 영역이다.

살롱의 가치, 목표를 공유하여 모든 직원이 개개인을 위해서, 살롱을 위해서 함께 뛰게 하자. 하루 날을 잡고 전 직원이 함께 우리 브랜드를 위하여 짧게는 초단기 목표, 월간 목표, 길게는 장기 목표, 3년 목표, 5년 목표까지 세워보자. 하루만 하고 끝내지 말고 분기별로 직원들과 함께 세운 목표를 어디까지 이뤘는지, 앞으로 어떻게 보완할 건지 수시로 체크하고 소통하며 계획하다 보면 살롱이 어느새 폭풍 성장해 있는 모습을 보게 될 것이다.

한 번 하고 그치지 말고 분기를 정해서 꾸준히 해보도록 하자. 직원들과 함께 이 순서대로 목표를 세워보자. 각 매장의 사명, 핵심가치를 먼저 알려준 후 목표를 세우는 순서이다.

1. 1년 목표 및 슬로건
2. 1~12월 매달 목표 및 슬로건
3. 이 모든 목표를 이루기 위한 매일의 단기 목표 달성 내용 작성하기

이 순서대로 목표를 짜고 서로 공유해 볼 것을 적극 권장한다. 그러면 이 책을 읽는 독자의 살롱, 조직에도 작지만 꾸준한, 그리고 시간을 두고 쌓이는 놀라운 변화를 경험하게 될 것이다.

무의식 트레이닝

사람은 의식대로 사는 것 같지만, 그렇지 않다. 90% 이상 무의식에 지배받는다. 의식하고 사고하고 행동하는 것은 고작 10% 이내밖에 되질 않는다. 나 또한 무의식의 지배를 굉장히 많이 받는데, 무의식에 사로잡혀 잠도 못 자고 불면증에 걸리기도 하고, 해야 하는 건 알지만 무의식적으로 회피하거나 할 일을 미루기도 한다. 하지만 우리의 목표대로 끊임없이 성장하기 위해선 무의식 트레이닝을 해야 한다.

무의식 트레이닝은 쉽게 설명하면 마인드 트레이닝과 비슷하다 볼 수 있다. 무의식 트레이닝을 하다 보면 나에 대해 잘 알게 되고, 나에 대해 잘 알게 되면 능률이 올라가며, 행복감으로까지 연결된다.

다음은 무의식과 자존감 사이에 무슨 연결점이 있는지 정리해보았다.

1) 무의식과 자존감의 상관관계

사람은 무의식의 지배를 많이 받는다. 무의식과 자존감은 심리적 관점에서 서로 연결되어 있다. 무의식은 우리가 의식하지 않는 생각, 욕망, 동기, 기억 등을 포함한다. 자존감은 개인이 자기 자신을 어떻게 평가하고 자신에 대한 감정적인 태도를 지니는지를 말한다. 무의식은 개인의 경험과 상호작용, 사회적 영향 등에 의해 형성된다. 이 경험들은 자아 계발과 성장에 영향을 미칠 수 있으며, 자존감에도 영향을 줄 수 있다. 예를 들어, 부정적인 경험들이 무의식적으로 저장되면 자존감에 부정적인 영향을 미칠 수 있다. 또한, 사회적인 메시지나 비교적인 상황에서 무의식적인 영향을 받아 자존감이 형성될 수도 있다.

자존감은 개인이 무의식적으로 자기에 대해 가지고 있는 신념과 개념들에 영향을 받는다. 예컨대, 자기에 대한 긍정적인 무의식이 자존감을 향상시킬 수 있고, 무의식에 자리 잡은 부정적인 감정적이나 생각 등이 자존감을 저하시킬 수 있다. 자존감을 향상시키기 위해서는 단순한 생각으로 '자존감을 올리자, 자존감을 안정적으로 바꾸자' 정도가 아니라 무의식 트레이닝을 해야 한다. 무의식적인 신념과 나에 대한 연구, 나도 모르게 종종 드는 생각들을 파헤쳐보고 근본적인 노력을 할 필요가 있다. 이를 위해 자기인식과 자기성찰, 자기발견과 개인적인 성장, 사소한 성공 등이 큰 영향을 미친다. 자존감이란 개인이 자기 자신에 대해 어떻게 생각하고 평가하는지, 자신을 얼마나 가치 있게 여기는지에 대한 개념이다. 달리 말해 자신에 대해 아는 마음이다. 나를 있는 그대로 받아들일 수 있는 마음이라 생각하면 된다. 자존감이 안정적이라는 것은 오로지 자신의 강점만 이야기할 수 있는 자신감 있는 모습이 아니라, 더 디테일하게는 내 장단점을 있는 그대로 받아들일 수 있는 마음을 가지고 있다는 뜻이다. 따라서 자존감을 억지로 무조건 높이려고 애쓰는 것보다 '자존감의 안정성'이 더 중요하다.

나 또한 자존감을 안정적으로 만들려고 노력했으며, 3가지 트레이닝을 스스로 했다. 지금은 이것들을 직원들에게 트레이닝시키고 있다.

앞서 언급했던 내 사명을 기억하는가? 나는 자존감이 낮은 사람들, 자신감이 없어 두려운 사람들이 안정적고 자존감 있는 인재가 될 수 있게 돕고 싶다. 그렇기 때문에 무의식과 자존감 트레닝 연구를 많이 한다.

가장 효과를 보았던 방법은 의외로 매우 간단하고 어렵지 않다. 무의식은 거창하게 트레이닝 할 필요가 없다. 이를 크게 3가지로 정리해 보았다.

2) 무의식 트레이닝법

첫째, 나는 무엇을 좋아하는가?

내가 좋아하는 게 무엇인지 다 찾고, 나열하고, 적어보았다. 나에 대해 샅샅이 연구하였다. 내가 좋아하는 것, 내가 맛있어하는 것, 나의 인테리어 취향, 나의 향기, 취향, 나란 사람은 어떤 사람인지, 내가 가고 싶은 곳, 내가 느끼고 싶은 곳, 내가 소소하게 즐길 수 있는 취미, 내가 추구하는 가치관, 내가 좋아하는 이성 스타일 등등 나라는 사람에 대해 내가 스스로 조사하고 연구해보는 것이다.

둘째, 나의 강점을 아는 것

나에 대해 스스로 충분히 알았다면, 그다음엔 내가 뭘 잘하는지를 찾아보고 알아봤다. 아주 사소한 것도…. 책 읽는 걸 좋아하고 잘한다. 엉뚱한 시를 짓는 걸 잘하는 것 같다. 손재주가 좋다, 사진 찍는 것을 좀 잘하는 것 같다, 말하는 걸 잘한다, 건조한 아이디어에도 생명력을 불어넣는 말솜씨, 어릴 적 웅변을 많이 해서 상도 탔다, 지금도 목소리가 크다, 발표에 자신 있다, 내 생각을 당당하게 말하는 것을 잘한다, 요리 잘함, 간을 잘 맞춤 등등, 내가 사소하게도 잘하는 것을 몽땅 조사해보는 것이다.

셋째, 나의 단점을 아는 것

나의 강점을 알았다면, 이제 마지막으로 내 약점을 파악해 보는 것이다. 약점을 알아야 하는 이유는 혼자 사는 세상이 아닌, 다양한 사람들과 함께 소통하며 살아가기 때문이다. 우리 미용사들은 사람들에게 계속해서 피드백을 받는 직업이다. 고객님이 오시면 "이것 불편해요, 저것 불편해요" 할 수 있는 부분들을 스스로 자신이 어떤 점이 부족한지, 어떤 점이 약한지를 알지 못하면 자존감이 급격히 떨어지면서 다시 나를 잃어버릴 수도 있다. 또한 사람들과 소통하며 사는 세상에서는 내가 아무렇지도 않게 하는 행동들이 다른 이들에게 무례한 행동이 될 수 있고, 고쳐야 하는 행동이 될 수도 있다. 이때 내 약점에 대해 알지 못한 채 강렬한 피드백을 들었다면 자존감이 안정적이고 자신에 대해 잘 아는 사람들은 "그죠. 제가 그 점이 부족해서 아침마다 나와서 트레이닝 하려고 노력 중입니다. 죄송합니다."하며 나를 보호하면서 피드백을 들을 수 있다. 하지만 누군가가 피드백을 해도 인정하지 않고 '나는 그런 사람 아니야'하고 자신을 왜곡되게 바라본다면 사람들과 소통을 하며 살 수 없고 점점 외톨이가 되어간다. 그로 인해 자기검열이 안 된 상태에서 피드백을 들으니 '제가요? 그런 적 없는데요?'하면서 자존감이 무너지게 되는 것이다.

한편 자신의 단점을 조사하는 방법으로는 다음과 같은 방식을 추천한다. 주변 지인들, 가족들, 살롱 직원들에게 조사하는 것이다. 내 장점 몇 가지, 그리고 약점 한 가지를 이야기해 달라고 하여 조사를 해보는 것이다. 또 내가 생각했을 때 스스로 약점은 없는지 한번 적어보는 것이다. 스스로 잘 모르겠다면 사람들에게 물어보고, 이때 단점만이 아닌, 장점도 함께 물어보는 것을 추천한다.

이렇게 나에 대해서 마치 사랑에 빠졌을 때 상대방에 대해 알고 싶어 하고, 정보를 알아내고, 그가 뭘 좋아하는지, 어떤 음식, 어떤 감정, 어떤 취향 등등을 알아가는 과정처럼, 나에 대해 알아가고 조사할 필요가 있다.

대부분 자신에 대해 잘 안다 생각하지만, 내가 전국을 다니며 교육 대상자들에게 본인의 가치관이 뭔지, 왜 존재하는지 적어보라고 하면 40명 중 5명만 바로 적고 다들 '뭘까'하며 고민에 빠지곤 한다. 내가 나라서 나에 대해 다 안다 생각하는 건 착각이다. 우리는 타인에게 더 귀 기울이고, 그들의 눈치를 보며 살지, 나 자신을 알아가려 하지도 않고, 나 자신의 행복을 도우려 노력하지도 않는다. 그러므로 나에 대해 알아가는 것이 자존감 수업에서 가장 중요한 요소라고 볼 수 있다.

3) 미용인에게 자존감 수업이 필요한 이유

우리는 고객과 다양한 상황에서 상호작용해야 해야 한다. 자신에 대한 자신감과 긍정적인 태도는 고객과의 원활한 소통과 신뢰 구축에 도움을 준다. 자존감이 안정적인 직원들은 자신의 업무를 자신 있게 수행하고, 문제 발생 시 능숙하게 대처할 수 있다. 자존감이 안정적이지 않은 직원은 고객의 컴플레인을 감당하기 어려워하는 모습을 많이 보았다.

고객 만족도, 자존감이 높은 직원은 고객에게 자신감과 긍정적인 에너지를 전달하고, 기본적으로 친절하며, 자신감 넘치는 제스처를 보인다. 인간의 본능은 자신감이 넘치는 사람 옆에 있고 싶기 마련이다. 고객의 만족도가 올라간다. 이로 고객 충성도를 향상시킬 수 있다.

스트레스 관리

우리는 변화무쌍한 환경에서 작업을 수행해야 한다. 자존감이 높은 직원은 자기에 대한 긍정적인 인식과 자아실현을 통해 스트레스를 관리하고 어려움에 대처할 수 있다. 쉽게 우울해지지 않고 감정조절 능력이 뛰어나다. 반면 자존감이 낮은 직원들은 감정조절에 미숙하고, 그것이 얼굴에 쉽게 드러나며, 고객에게도 동료들에게도 부정적인 에너지를 전달할 수 있다.

업무효율성과 협업

자존감이 높은 직원들은 자신의 업무에 대한 자신감과 책임감을 가지고 있다. 이는 업무 효율성을 향상시키고, 협업과 팀워크를 강화한다. 자신이 이 일을 통해 자아실현을 하며 행복과 열정을 느끼고, 삶의 이유를 다른 곳에서 찾는 게 아닌, 일상에서, 일에서, 고객들과의 관계에서, 직원들과의 화합에서 얻는다. 별것도 아니지만 소소한 일상의 행복과 가치를 느낄 수 있다는 것이다.

4) 직원들의 자존감이 매출이다

자존감은 직원의 업무 태도, 동기부여, 자기효능감, 업무 수행 능력, 소통 및 협업 능력 등에 영향을 미친다. 위에서 이야기했듯 자존감이 높은 직원들은 업무에 대한 자신감과 책임감을 가지며, 자기 주도적으로 일을 처리하고 팀워크를 통해 시너지를 발휘한다. 자존감이 높은 직원들은 스트레스 관리와 직무 감당 능력이 높기 때문에 대체적으로 고 매출자들이 많다.

높은 자존감은 일종의 성공 유전자라고도 할 수 있다. 그래서인지 세계적인 리더들 중에도 높은 자존감 지닌 인물들을 다양한 분야에서 찾을 수 있다. 전 세계적으로 자존감이 높은 리더들의 성공사례도 흔하게 찾아볼 수 있다. 테슬라 일론머스크, 아마존 창시자 제프 베이조스, 내가 존경하는 캘리 최 회장님도 안정적인 자존감과 자신을 믿는 무한한 신뢰감에 바탕한 자존감을 지닌 리더로서 대표적인 예이다.

저자 역시 돈도 학력도 명예도 없지만, 내가 할 수 있다는 강한 마음 하나 가지고 25살에 미용실을 오픈하여 지금까지도 목표를 세우며, 강한 추진력으로 달려가고 있다. 처음에는 컷, 펌, 염색을 잘하면 내가 원하는 성장, 성공을 할 수 있다 생각했다. 하지만 시간이 지나니 기술은 숨을 쉬듯 당연한 것이고, 그 외에도 너무 많은 역량이 필요했다. 고객과 대화하는 능력, 상담·소통의 능력, 마케팅·세일즈의 능력, 리더십의 능력 등 내가 갖추지 못한 것들을 계발하면서 1년 전, 2년 전과 다른 나의 성장을 맛보았다. 내가 노력해서 얻은 작은 성장들이 내 자존감을 안정적이게 만들어 주었다.

사람은 돈이 많아서, 명예와 부를 누려서 기세가 등등한 것이 아니었다. 내가 할 수 있을 거라는 믿음, 나를 믿는 마음이 나를 기세가 좋은 사람으로, 자신감 있는 모습으로 만들어 주었고, 그 첫 시작은 사소한 성장을 맛보면서이다.

성공하는 이유로는 여러 이유가 있겠지만, 자존감이 안정적인 것은 매출과 성장에 큰 연관이 있다. 나뿐만 아니라 미용을 17년 차 하다 보니, 미용뿐만 아니라 어느 직업이든 마찬가지이겠지만, 사람을 만나는 직업의 경우 더더욱 자존감이 낮아지는 직원들의 모습을 많이 볼 수 있었다. 하루는 헤어시술을 다 해주고 고객님께 컴플레인 걸린 직원 한 명이 울면서 자기는 미용을 하면 안 되는 손인 것 같다고, 오히려 고객님들을 화나게 하는 사람인 것 같다고, 사무직을 하러 가야겠다고 면담 신청을 해왔다. 자기는 사람과 대화하면 안되는 사람이라며 몇 시간을 우는데, 요즘에는 사람이 너무 무서워서 쓰레기 분리수거를 하러 가면서도 숨어서 다닌다고 했다.

나는 그 이야기를 들으며 너무 마음이 아팠다. 사람을 아름답게 해주려고 미용사가 되었는데, 사람에게 받은 상처로 인해 본인을 혹사시키고 어둠의 구렁텅이로 점점 들어가게 된다면 다른 사람을 꾸며주고 예쁘게 해주는 것이 무슨 소용이 있나 하는 생각이 드는 것이다. 내가 만난 미용사 중에서도 행복한 미용인도 많지만 정말 정신적으로 힘들어하는 미용인들도 많다. 대인기피로 사람을 두려워하는 미용사, 불면증으로 괴로워하는 미용사 등 다양하다. 이 모든 것이 자존감이 안정적이지 않을 때 일어나는 일들이다.

우리의 직업의 핵심은 사람이다. 원하든 원하지 않든 다양한 감정, 다양한 사람들을 마주해야 하고, 사람을 감동시켜야 성공할 수 있는 직업이다. 나를 돌보지 못하는데 타인을 어떻게 행복하게 해줄 수 있으며, 나를 모르는데 타인의 말들을 어떻게 이해할 수 있겠는가? 우리의 직업은 타인을 행복하게 해주기 이전에 나 스스로 먼저 나를 행복하고 건강하게 만들어야 하고, 내면의 단단한 마음을 가져 자존감을 안정적으로 만들어야 한다. 이 모든 자존감은 매출로도, 능률로도 연결되어 있지만, 더욱 바라는 것은 이 자존감 트레이닝을 통해 미용인들이 건강한 마음으로 행복하게 미용을 했으면 하는 소망이다.

실행, 실행, 실행

전국을 다니며 성장 노트 교육을 하다 보면 사람들이 목표까지는 설정하는데 막상 실천하는 것을 두려워하는 사람들이 많았다. 마인드 레볼루션을 완성시키기 위해서 가장 중요한 것은 마인드보다 실행이다. 실행을 하며 다시 마인드 레볼루션을 할 수 있기 때문이다. 실행하지 못하는 사람들의 특징은 대부분 '완벽주의 성향'을 가지고 있다는 점이다.

하지만 이 완벽주의란 것의 정의를 다시 볼 필요가 있다. 결국 완벽이라는 것은 자기 기준이다. 자기 기준에 완벽하지 않아 실행하지 못하는 것은 완벽주의 성향 때문이 아니라 자기 생각이 너무 많아서 실행하기 힘든 것일 것이다.

헤어에서도 이 성향이 정말 두드러지게 나타나는 직원들

이 많다. 고객이 봤을 때 예쁘면 된 것이다. 고객은 너무 예쁘고 맘에 든다는데 디자이너 취향에 맞지 않는다고 디자이너가 원하는 대로 그의 취향까지 다 바꿀 순 없는 것이다. 우리의 결국 목적은 고객님에게 어울리는 아름다움, 그리고 행복을 주려고 하는 것이 아니던가? 그럼 그 과정에서 내 만족이 아닌 고객 만족으로 셋팅이 되어야 한다. 따라서 완벽주의 성향은 실행하기 어렵다.

완벽하지 않아서가 아니라, 애초부터 완벽이란 존재하지 않는다. 내가 생각했을 때 완벽하다고 여겼지만, 누군가가 봤을 땐 실수투성이로 보일 수도 있는 것이고, 내가 봤을 땐 부족한데 누군가가 보기엔 예술 그 자체일 수도 있는 것이다. 그러므로 실행하다 부족한 것 같으면 보완하는 방법으로 가야한다. 애초에 실행에 의미를 먼저 두어야 실행력을 올릴 수가 있을 것이다. 나 역시 실행하지 않아서 후회한 순간이 너무 많았고, 미루고 미루다 인생 최대의 실수를 하게 된 적도 많았으며, 이런 것은 경영에 큰 영향을 미치기에 실행력 올리는 트레이닝을 끊임없이 하고 있다. 그리고 특히 실행력이 좋은 사람이 되기 위해 3가지를 노력했다.

1. 영감노트 만들어 평상시에 수시로 사용하기

영감노트를 들고 다니는 걸 추천한다. 영감노트는 너무 크지 않게 작은 수첩 정도면 적당하다. 이 영감노트를 핸드백이

나 주머니에 넣고 다니면서 갑자기 떠오른 아이디어나 영감이 생기면 핸드폰이 아닌 영감노트에 기록한다.

어떤 전시회에 갔는데 너무 멋진 프로젝트들이 시행되고 있어 '우리 미용실에 접목하면 좋겠다'라고 생각이 들면 '그 전시회의 좋았던 프로젝트를 우리 매장에 접목하기'라고 세세하게 기록하는 것이다. 우리의 느낌대로 재탄생시켜 미용실에 없던 프로젝트를 시행해보는 것이다.

창의력이란 어느날 갑자기 벼락 맞듯 떠오르는 것이 아니다. 많이 보고, 느끼고, 경험하고, '다른 분야의 장점을 우리 분야에도 접목하면 어떨까?' 하는 구상들을 머릿속에 많이 넣을 때 창의력이 생기는 것이다. 창의력이 부족한 것은 내 미용실에만 있어서 그렇다. 다른 것을 보지 않고, 듣지도 않고, 오로지 지금 내 샵만 머릿속에 가득하니 색다른 구상을 해볼 겨를이 없는 것이다.

나도 아이디어가 떠오르지 않을 땐 우리 분야가 아닌 다른 분야를 구경하거나 영감을 얻으러 간다. 이런 영감들을 노트에 적었더니 벌써 영감 노트가 10개가 넘어가고, 이것은 나의 큰 자산이 되었다. 꼭 프로젝트가 아니어도 괜찮다. '좋다, 영감이 떠오른다' 싶은 모든 것을 기록하여 실천할 수 있는 것을 먼저 실천해보자. 너무 바쁜 경우 핸드폰이나 태블릿 pc에 기록하는 것도 좋지만, 나는 실행 트레이닝을 할 때는 아날로그방식을 선호한다. 그 이유는 노트에 손글씨로 기록하고 관리하는 것이 생각의 힘을 자극하고, 더 직관적이기 때문이다.

2. 실행 초보자는 마감시간을 정해 두고 그 시간 안에 해보기

예컨대, '블로그 써야지'라는 생각이 들었다면 마감 시간을 정해 실행해보는 것이다. 또 '블로그 포스팅을 다시 시작해야겠다'라고 영감이 떠올랐다면 지금 이곳은 서울이고 목포까지 가는 데 3시간이 걸리니까 블로그 앱을 통해 포스팅을 하자. 마감 시간은 3시간. 이렇게 설정 후 그 시간 안에 해보는 것이다. 이때 중요한 것은 실행 초보자의 솔루션이기 때문에 실행하는 것에 먼저 의미를 두어야 한다. 간혹 살롱에서도 실행력 트레이닝을 하다 보면 완벽해질 때 실행하겠다고 하는 직원들이 많다. 사실 실행 초보자는 일단 실행함에 의미를 둬야 실행력 좋은 사람이 된다. 실행 트레이닝으로 실천력이 어느 정도 좋아졌으면 그때 완벽과 퀄리티를 생각하면 된다. 당시에 완벽하지 못했던 것은 보완하여 다음에는 실행하는 것이 아닌, 디테일에 의미를 두면 된다. 순서를 거꾸로 해서는 안 된다.

위에서 잠시 언급했지만, 완벽주의 성향이 나쁘다는 것은 아니다. 어느정도 실행할 수 있는 능력치가 생겨나면 그때는 정말 디테일이 중요하다. 더 완벽에 가깝게 온 정성을 다해야 한다. 하지만 실행 초보자가 먼저 실행할 수 있는 트레이닝이 되지 않은 상태에서 완벽에만 집중한다면 아무것도 시도하지 못하고 자괴감에 빠지게 된다. 완벽은 주관적인 것이다. 미용 세계에선 완벽함이란 없다. 완벽에 가까워지기 위해 끊임없이 노력하고 기술을 연마할 뿐이다.

또 디자인 세계에서 완벽이란 없다. 개성과 자기다움이 있을 뿐…. 마감 시간을 정하는 방법으로 나는 알람을 맞춰놓는 방식을 사용한다. 프로젝트가 시간이 길게 필요하다면 1~2주의 시간을 주고, 마감 2일 전, 마감 2시간 전, 이런 식으로 알람을 울리게 하여 그 시간 안에 할 수 있게 나 스스로 가이드라인을 만들어 준다. 프로젝트가 짧게 끝난다면 3시간 안에, 10분 안에, 이렇게 나름대로 시간을 만들어 제 시간 안에 해보는 연습이 나에게는 굉장히 좋은 트레이닝 방법이다.

3. 우선순위 정하기

먼저 삶에서 현재 내가 쓰고 있는 시간을 이렇게 몽땅 써보자.

당장 내일모레 성장마인드 강연, 1레벨 직원들 승급테스트 준비, 미용인 컨퍼런스 강의 준비하기, 종이책 원고 쓰기, 디자이너 데뷔 승급식 준비, 워크숍 준비, 유튜브 원고 작성하기, 유튜브 촬영하기, 유튜브 편집, 고객님 예약받기, 리더 트레이닝, 코스메틱 미팅, 출판사 미팅, 인스타 라이브 방송, 온라인 강의, 친구 아들 돌잔치, 야식 먹기, 애정하는 드라마 보기, 인스타 업데이트, 직원 교육, 전국 강연, 직원 면담하기 등….

이렇게 내가 지금 해야 할 일, 사용하고 있는 모든 시간들을 적어 본 후 분류를 시작해야 한다.

지금 당장 급하게 해야 할 일 먼저 분류를 해보자.

첫째, 수익이 당장 발생이 되는 것, 약속을 했는데 기간이 빠듯하게 남은 경우, 돈과 시간의 기회비용 정도에 따라 결정한다.

가령, '1) 종이책 원고 쓰기, 2) 온라인 줌강의, 3) 전 직원 면담하기, 4)고객 예약받기' 등은 시간이 너무 시급하기 때문에 당장 처리해야 하고, 하지 않으면 수익이 발생하지 않기 때문에 고정 수익에 관련된 것은 중요한 시간임으로 현실을 인지하고 시급하게 처리할 수 있도록 분류한다.

둘째, 먼 미래를 위해 투자해야 하는 일을 선정한다. 가령, 미래에도 내가 건강히 돈을 많이 벌기 위해 운동하기, 미래에 몸이 아프고 힘들어질 때를 대비하여 내가 필드에서 뛰지 않아도 수익이 발생할 수 있도록 유튜브나 인스타 콘텐츠 경영을 하기 위해 콘텐츠 업로드하기 등이다. 이처럼 지금 당장 돈이 되지 않아도 미래를 위해 투자하는 것이 중요하다.

사업에서 우선 당장 중요한 건 현실이지만, 사실 장기적으로는 다가올 미래를 준비하는 것은 더더욱 중요하기 때문이다. 이에 시간을 사용할 때는 너무 많은 시간을 투자하는 것보다 매일 매일 꾸준히 할 수 있는 시간을 선정해서 지속적으로 시간을 쓰는 것이 좋다. 운동은 매일 30분씩, 1시간씩, 이런 식으로 내가 할 수 있는 시간을 정해 놓고 패턴을 만드는 것이다.

저자가 매일 매일 미래를 위해 하는 일은 다음과 같다.

1) 매일 경영일기 작성하기
2) 매일 10분이라도 스트레칭하기
3) 매일 컨텐츠 업로드하기(유튜브나 인스타)
4) 매일 종이책 읽으며 전략 독서 하기
5) 미래를 위한 투자 공부하기

저자는 이 3가지 방법으로 실행 트레이닝을 꾸준히 하고 있고, 실행하기가 더 이상 두렵지 않다. 실행하기가 어려운 사람들 이 세 가지를 기억하며 하나하나 실천해보자!

우선순위를 적어 급한 것부터 처리하는 능력을 길러야 한다. 대부분의 사람들은 하고 싶은 대로, 끌리는 대로 시간을 쓴다. 하지만 그렇게 되면 우선순위를 먼저 정하지 못한다. 따라서 우선순위를 정하여 시급한 일 처리부터 해야 하고, 매일 매일 아주 조금씩이라도 좋으니 미래를 위해 투자하는 시간을 쓰면 시간을 귀하게 쓸 수 있게 된다.

평소 시간 낭비를 많이 하고 있다고 느껴지거나 무료하게 하루하루를 보내고 있는 사람들이 있다면 앞의 1~3번까지의 방법대로 해보길 추천한다. 3~6개월만 트레이닝해도 훨씬 좋아진다.

스토리텔링 능력이 곧 실력이다

스토리텔링은 사실이나 상상으로 구성된 이야기를 전달하고 전체적인 경험과 감정을 갖춘 매력적인 방식으로 표현하는 것이다. 사람들에게 정보를 전달하고 영감을 주며, 감정과 연결을 형성하는 데에 도움을 준다. 스토리텔링은 시대와 문화에 관계 없이 인간의 기본 소통 도구로 사용되어 왔으며 다양한 매체와 분야에서 활용된다. 미용인은 사람을 만나며 사람에게 감동을 줘야 성공할 수 있는 직업임으로 스토리텔링이 강력한 매력과 소통방식으로 사용된다. 이는 곧 매출로 연결되는데 스토리로 고객에게 인지된 디자이너들은 브랜드가 될 수 있고 스토리텔링으로 인한 마케팅의 효과 또한 크게 볼 수 있다.

스토리텔링은 고객과 대면해서 직접 소통하며 스토리를 풀어나가며 소통할 수도 있고, SNS상으로 스토리를 풀어나가며 소통할 수도 있다. 온라인이 주가 되어 가는 요즘 시대에는 스토리텔링이라고 하면 흔히들 SNS상에서만 생각하는데, 전혀 그렇지 않다. 오히려 대면했을 때 담당 디자이너와의 활발한 스토리텔링 소통으로 나의 찐 단골이 되기도 하고, 깊은 연결고리를 만들어 갈 수 있기 때문에, 언제 어디서든 나만의 찐 스토리텔링을 할 수 있어야 한다.

스토리텔링은 누구나 만들 수 있지만, 자신에 대해 이야기를 잘 못 하거나 자신감이 없어서 못하는 경우가 많다. 누구든 스토리를 가지고 있는데 '이런 것도 스토리가 되려나?', '내가 남들 앞에서 내 이야기를 해도 될까?' 이런 마음 때문에 스토리를 풀어내지 못하곤 한다.

하지만 스토리는 단순히 자기 자랑을 말하라는 게 아니라 지금 관계성을 맺으려고 하는 타인에게 나에 대해 알려주고 보여주라는 것이다. 사람은 어떤 관계성을 맺을 때 그 사람이 어떤 사람인지, 신뢰할 수 있는 사람인지, 어떤 특징을 가지고 있는지 알고 싶어 한다. 또 알아갈수록 더 신뢰하게 되며 안정감을 느낀다. 그렇기 때문에 미용인이라면 '내 이야기를 왜 해야 돼?'의 마인드에서 벗어나 내 고객에게만큼은, 내 직장 동료들에게만큼은, 나와 관계성을 맺는 타인들에게만큼은 나에 대해 알려주자. 내 이야기를 해보자. 그로 인해 소통을 하게 되면 그후에 사람과 사람 사이에 상호작용의 소통이 생기게 된다. 스토리텔링의 최종 목적은 소통의 상호작용이다. 스토리텔링은 선천적으로 잘하는 사람도 있지만 연습해서 노력하면 잘할 수 있게 된다.

가장 기본적인 방법을 알려드리겠다.

1) '내 이야기'라야 한다. 타인의 이야기가 아닌, 내 찐 이야기여야 한다. 이야기를 풀어내기 전, 먼저 내 가치관을 적도록 한다. (ex: 진정성, 리더십, 성장)
2) 내 이야기 중 주제를 선정한다. 내 인생에 여러 이야기가 있을 것이다 (ex: 워킹맘의 스토리인지, 미용인의 스토리인지, 원장이 되기까지의 스토리인지 등 명확한 주제를 하나 정하라.)
3) 상황을 나열해보자. 최대한 구체적이고 객관적이게 내가 말하고자 하는 스토리의 배경들을 이야기 해주면 된다. (여기까지 예시를 들어 정리해보자면 '김민지의 워킹맘 스토리', '나의 핵심가치는 성장 리더십', '선한 영향력'으로 요약될 것이다.) 이렇게 정리된 스토리로 상황을 이야기 해보면 이러하다. 지난 여름, 육아에 진심인 지인을 만났다. 그 지인은 내가 워킹맘이 힘들다고 하니 일을 하지 말라는 것이었다. 아기는 엄마가 매일 필요하고, 일을 하는 엄마는 아기 정서에 좋지 않을 수 있다며, 아기에게 애정 결핍이 생길 수도 있으니 일을 그만두라고 조언하는 것이었다. 이렇게 사건을 더 자세하게 나열

할 수 있으면 좋고, 나열한 뒤에는 후는 본격적인 사건으로 넘어간다.

4) 사건의 발발 : 누구와 뭘 했거나, 어떤 사건이 터지거나 하는 등의 일화에 대해 나열한다. 감정이 고조되었거나, 트러블이 있거나, 변환점이 생기거나 등에 해당된다. 나는 나름 워킹맘으로서 아기에게 많은 사랑을 주며, 일도 육아도 정말 누구보다 열심히 했는데, 내가 어떤 마음으로 아기를 대하는지 잘 모르면서 워킹맘은 아이에게 좋지 않다며 강조하는 지인이 순간 너무 미워 보이는 것이었다. 그리고 난 후 나는 하루 종일 그 이야기들이 머릿속에 떠나지 않았다. 나 또한 어린아이를 두고 일을 하는 것이 너무 힘들고, 매 순간 보고 싶다. 시어머님이 주로 아기를 봐주시는데, 내가 일을 포기하고 아기를 육아하는 길로 가야 하나 한참을 고민하고 있었던 터라 더더욱 마음에 비수가 꽂혔다.

5) 핵심가치로 해결하는 과정들을 공유 : 내가 이런 스토리텔링을 공유하는 것은 이 내용이 내가 만난 수많은 여성 미용인들도 하는 고민이기 때문이다. 물론 엄마가 아기를 보는 것이 가장 좋다. 하지만 '무조건'이라는 것은 없다는 것이다. 다 각자 상황에 맞춰, 지혜롭고 현명하게 해야 한다는 것이다. 나는 이런 고민을 끝에 남편에게 사업을 전적으로 맡기고 나는 육아를 하는 방법에 대해 이야기를 했

다. 하지만 며칠 지나자 나의 핵심가치가 성장·리더십인데, 끊임없이 일을 사랑하고 그를 통해 성장하고자 하며 누군가에게 계속 뭔가를 알려주고 선한 영향력을 끼치며 사는 것이 나의 존재가치인데, 그것을 못하니 도윤이의 엄마로는 살 수는 있겠지만 김민지로는 살 수 없을 것 같다는 생각이 들었다. 그때부터 워킹맘으로 아이를 키우는 일도, 일로 성공하는 것도 다 가진 분들을 찾아보기 시작했다. 김미경 강사님, 캘리 최 회장님 등 여성 사업가로 성공하며 아이들도 잘 키워서 멋지게 성장시킨 엄마 사업가들을 보며 '불가능하지 않다. 오히려 아이들에게 꿈과 희망을 심어주고, 또 아이를 보는 시간에는 스마트폰을 하지 말고 오로지 아이에게 집중하며 사랑을 주자. 그러면 아이도 내 사랑을 알 것이다.'라고 생각하며, 워킹맘도 육아와 사업의 성공을 모두 해낼 수 있다는 것을 많은 여성 미용인들에게 보여주고, 알려주고 싶었다.

6) 이 모든 일로 하여금 내 인생의 느낀 점, 교훈, 메시지. 그리고 마지막으로 이 이야기를 통해 타인에게 뭘 전달하고 싶은가를 적으면 스토리가 만들어진다.

스토리텔링은 가장 강력한 커뮤니케이션 도구이고 협상에서도 사용되지만, 사람의 마음을 끌어당기는 데에도 사용된다. 정신적 안내도이기 때문에 스토리텔링은 객관적인 사실,

통계 자료보다도 강력한 힘을 가지고 있다. 감정적인 영향력을 통해 사람들과 연결을 형성한다. 감정은 이야기를 통해 공유되고 청취자의 경험에 공감을 불러일으킬 수 있다.

그리고 지금 아기는 3살이 되었는데, 너무 밝고 사랑스럽고 똑똑하게 잘 자라고 있다. 진짜 너무너무 사랑하며 소통 중이다.

이 글을 쓰면서도 엄마 미용인들에게 할 수 있다고 말해주고 싶다. 나는 이 글을 쓰면서도 눈물이 난다. 일을 해야 하는 엄마이기에 늘 미안하고, 아이에게 죄를 짓는 것 같고, 퇴근 후 잠든 아이 모습을 보면서 한참을 울다가 잠드는 워킹맘이지만, 아이를 덜 사랑해서가 아니다.

엄마이기 때문에 부모이기 때문에 해야 할 책임을 져야 하는 것이다. 사랑해주는 것도, 먹이고 입히고 교육하고 키우는 것도 모두 부모가 해야 할 역할이기 때문이다.

부모의 역할과 의무는 아이들이 잘 배우고 행복하게 살 수 있게 성인이 되기 전까지 책임지는 것이다. 따라서 나는 워킹맘으로서 아이를 책임지며, 세상에서 가장 사랑 듬뿍 주며 키우고 있다.

특히 이 대목에서 이런 이야기를 강조하는 것은, 일을 해야 해서 아기 낳는 것을 포기한다는 지인들이 많아졌기 때문이다. 낳으라고 강요하는 것은 아니지만, 낳고 싶은데 일 때문에 포기해야겠다는 생각한다면, “방법을 찾아보면 방법이 생기니 너무 두려워하지 말라"고 이야기해주고 싶다.

아기는 엄마가 얼마나 자신을 사랑하는지 느낄 수 있다. 한 순간도 놓지 말고 사랑해주면 된다. 그리고 자주 표현해 주면 좋겠다. 사랑한다고, 보고 싶다고, 행복하다고! 그래서 나는 일도 육아도 행복하게 진행 중이다.

내가 못한다고 생각했을 때는 일도, 육아도 집중도 못 하고 힘들었지만, 내가 한다고 생각하니 김미경 강사님 강의와 캘리 최 회장님 강의들을 들으며 어떻게 해야 하는지 방법을 찾았고, 지금은 현업의 일을 조금 줄여서 아이와 길게 보내는 시간도 확보하며 일과 육아 사이의 균형을 최대한 확보 중이다. 물론 그래도 마음이 아프고 시간이 부족하다 생각하지만, 그래도 이런 과정을 통해 내 아이도 나도 성장하며, 추억을 쌓아가고 있다.

한편 이처럼 스토리텔링은 정보를 효과적으로 전달하고 사람들의 관심과 이해를 끌기 위해 사용된다. 이는 상품 브랜딩, 마케팅, 교육, 문화 전달 등 다양한 분야에서 활용한다. 스토리텔링은 이야기를 통해 사람들을 감동시키고 영감을 주는 동시에, 사회적인 문제를 다루고 사람들을 깨우치는 역할도 할 수 있다. 스토리텔링은 사람들의 마음을 움직일 수 있다.

미용사에게도 스토리텔링이 꼭 필요하다. 위에서 강조했듯 우리는 사람을 계속 만나는 직업이고 사람의 마음을 움직여야 하는 직업이기 때문이다.

이하에서는 미용인들이 스토리텔링을 실제로 어떻게 활용하는지와 그 효과, 그리고 구체적으로 스토리텔링을 잘하는 방법을 요약해 제시해 보았다.

미용사에게 있어 스토리텔링의 활용 효과

- 브랜딩과 마케팅 : 미용사들은 자신의 브랜드를 구축하고 마케팅을 진행하기 위해 스토리텔링을 활용할 수 있다. 자신의 경험, 열정, 고객의 이야기 등을 통해 매력적인 이야기를 전달하여 고객들의 관심을 끌고 신뢰를 구축할 수 있다.
- 고객경험 : 미용사는 고객들에게 특별한 경험을 제공하는 역할을 한다. 이 과정에서 스토리텔링을 통해 고객에게 감정적인 연결을 형성하고, 특별한 이벤트나 서비스를 통해 이야기를 전달할 수 있다.
- 변화 : 미용사는 고객들의 외모와 자아에 변화를 주는 역할을 한다. 이런 변화는 종종 개인적인 이야기와 연결될 수 있다. 예를 들어, 고객이 어려움을 극복하고 새로운 삶으로의 시작을 상징하는 변신의 이야기를 통해 자신을 발견할 수도 있다.
- 커뮤니케이션과 이해 : 미용사는 고객과 긴밀한 관계를

형성하고, 고객의 요구와 욕구를 이해하는 역할을 한다. 스토리텔링은 이러한 커뮤니케이션을 더욱 효과적으로 도와줄 수 있다. 미용사는 고객의 이야기를 듣고, 고객에게 자신의 이야기를 전달함으로써 상호작용과 이해를 촉진할 수 있다.

- 인스타그램과 소셜 미디어 : 현대적인 미용사들은 자신의 작업물을 인스타그램과 같은 소셜 미디어를 통해 홍보하고 고객과 소통한다. 이때 스토리텔링은 시각적인 콘텐츠와 결합하여 자신의 작품과 이야기를 공유하는 데 도움을 줄 수 있다.

스토리텔링을 잘하려면?

1. 목적과 대상을 이해하기 : 스토리를 만들기 전에 전달하고자 하는 목적과 대상을 명확히 이해해야 한다. 어떤 메시지를 전달하고자 하는지, 어떤 감정을 일으키고자 하는지 등을 고려해야 한다.
2. 강력한 캐릭터를 만들기 : 독자나 청취자가 공감하고 이해할 수 있는 강력한 캐릭터를 만들어야 한다. 캐릭터는 실제적인 성격과 목표, 갈등, 성장 등을 갖추어야 한다.
3. 흥미로운 플롯을 구성 : 스토리의 구조와 진행은 흥미를 유발할 수 있도록 충돌과 전환점, 예기치 않은 사건 등을 활용하여 흥미를 끌어야 한다.

4. 감정 고려하기 : 스토리텔링은 감정적인 연결을 형성하는 데 큰 역할을 한다. 독자나 청취자에게 감정을 전달하고 공감을 유발하는 스토리를 만들어보자. 이때 슬픔, 기쁨, 놀라움 등 다양한 감정을 다루는 것이 중요하다.
5. 시각적인 상상력 : 이야기를 더 생생하게 만들기 위해 시각적인 상상력을 활용하기. 장면, 설정, 캐릭터의 외모와 행동 등을 상상하고 생생하게 묘사하기.
6. 간단하고 명료하게 표현하기 : 스토리를 단순하고 명확하게 전달하는 것이 중요. 복잡한 구조나 어려운 언어를 피하고, 이해하기 쉽고 간결한 문장과 문법을 사용하기.

하지만 이 모든 것에 내 이야기가 아니라면 아무리 재미있고 흥미를 유발하는 스토리텔링을 만들어 낸다고 해도 이는 가짜 스토리텔링일 뿐이다. 여기서 가장 중요한 점은 내 이야기를 해야 한다는 것이다. 스토리텔링은 나와 고객 사이에 찐 소통을 하는 방법이다.

따라서 이와 같은 사항들을 바탕으로 미용을 하게 되었던 나의 스토리텔링을 해보았다.

옛날 어느 중학교 시절, 어릴 적부터 꿈꾸던 미용의 길을 걷고 싶어서 아빠에게 미용학원을 보내 달라고 호소했다. 그러나 아빠는 학문적인 공부를 강조하며 내 소망을 이해하지 못했다. 그래도 나는 포기하지 않았고 눈물과 콧물을 흘리며 아빠를 설득하기 위해 끊임없이 노력했다. 아빠를설득하기 위해 4절지를 구해서 편지를 썼다. 내가 미용을 선택해야 하는 이유에 대해, 공부는 나에게는 부적합하다고 강조했다. 나는 미용을 통해 성공하고 싶다는 열망을 담았다. 그리고 드디어 아빠는 내 눈물과 열정을 이해하며 미용학원에 보내주기로 하셨다. 그 순간부터 나는 지각하는 적이 없이 학원에 출석했고, 모든 자격증을 수여받을 정도로 열심히 노력했다. 미용학원을 졸업한 후, 서울에 위치한 미용고등학교로 진학할 수 있게 되었다. 그리고 21살에는 내 꿈이었던 디자이너의 자리에 앉았고, 25살에는 자신의 미용실을 오픈하게 되었다. 오늘날, 31살이 되었지만 나는 5개의 미용실을 성공적으로 운영하고 있다. 이 모든 성공은 나의 핵심 가치인 진정성, 성장, 선한 영향력에서 비롯되었다.

나는 사람들에게 자신감을 찾아줄 수 있는 미용실을 만들기를 꿈꾸고 있다. 진정성으로 사람들과 소통하며, 자신을 발견하고 성장할 수 있는 기회를 제공하고자 한다. 내 미용실은 단순히 외모를 꾸밀 뿐만 아니라, 내부에서 찾아야 하는 아름다움을 발견할 수 있는 공간이 되기를 희망한다.

사람은 저마다 고유한 아름다움을 가지고 있기에. 이렇게 스토리텔링을 하면 사람들에게 공감을 줄 수 있고 사람들의 마음의 문을 열 수도 있다.

사람들이 이런 개인적인 스토리를 좋아하는 이유는 다음

과 같다.

1. 공감, 일치 : 많은 사람들이 꿈을 향한 열정과 어려움을 극복하는 이야기에 공감한다. 이는 사람들이 자신의 꿈과 목표를 추구하면서 겪는 어려움과 역경을 이해하고 공감하기 때문이다
2. 영감과 동기부여 : 이러한 스토리는 용기와 열정을 가진 나의 성공 이야기로서, 사람들에게 영감과 동기부여를 줄 수 있다. 이는 자신의 꿈을 향해 노력하고 끈기를 가지는 데 도움이 되며, 새로운 도전에 대한 용기를 얻게 할 수 있기에 자신의 꿈을 대입하여 영감과 동기부여를 얻기 때문이다.
3. 성장과 전환 : 이 스토리는 나의 성장과 전환을 보여준다. 사람들은 다른 사람의 성장과 변화에 관심이 있으며, 주인공이 어떻게 어려운 상황에서 성장하고 성공을 이루는지에 대한 이야기는 사람들에게 긍정적인 영향을 준다.
4. 긍정적인 가치와 영향력 : 주인공이 자신의 미용실을 통해 사람들에게 자신감을 찾아주는 영향력을 행사하고자 한다는 이야기는 다른 이들에게 긍정적인 가치와 영향력을 전달한다. 이는 사람들이 다른 사람들을 돕고 영향을 미치는 데 중요한 가치를 느끼게 한다.
5. 성공 이야기 : 이러한 스토리는 내가 어릴 적 꿈을 이루

고 성공을 거둔 이야기로서, 사람들은 성공 이야기에 끌리고 관심을 가진다. 이는 사람들이 자신의 꿈과 목표를 달성할 수 있는 희망과 가능성을 느끼게 해주기 때문이다. 이로 인한 구독자, 혹은 팬이 생기게 되며 기술을 넘어서 사람 대 사람으로 좋아하게 되는 경험들이 생기는 것이다.

이렇게 중요한 도구임에도 불구하고 아직까지도 스토리텔링에 주목하는 미용인들이 그리 많지는 않다. 물론 우리의 근본은 당연히 고객의 헤어를 아름답게 해주는 것이다. 그렇기 때문에 당연히 기술이 우선적으로 가장 중요하다. 하지만 이제 기술은 평준화되어 너도나도 비슷한 기술 수준으로 올라와 있는 상태에서 우리가 차별화를 줄 수 있는 것은 바로 스토리텔링이다. 고객을 생각하는 마음은 어떤지, 고객에게 어떤 가치를 줄 수 있는지, 이 모든 것은 당연히 고객이 미용실을 결정할 때 결정짓는 요소 중 한 가지 요소가 된다.

우리 매장에서도 디자이너 고객들에게도 우리 매장에 왜 찾아주었는지 조사를 한 적이 있었는데 〈217〉 인스타를 보고 정말 항상 열심히 하시고, 트렌드 기술 교육도 매달 받고, 고객에게 친절하고 고객들을 사랑하는 것 같아서 오게 되었다고 한다는 답변이 많았다. 실제로 디자이너 선생님들을 만나보니 마인드가 너무 건강하고 헤어도 맘에 들어서 계속 오게 된다고 말씀해주시는 분들이 많다.

〈217〉 디자이너들은 헤어 사진만 올려 두는 게 아니라 사진 아래 본문에 항상 짧게라도 스토리텔링을 해서 올리게 한다. 어떻게 이 펌이 탄생하게 됐고, 이 모질에는 어떤 약제가 들어갔으며, 어떻게 고객님과 상담했고, 고객님께서 걱정하시는 것은 뭐였고, 디자이너 본인이 생각하는 가치관은 무엇인지 스토리텔링을 하여 인스타에 올린다. 앞서 언급한 지오 원장님의 예를 들자면, "진정성, 신뢰, 믿음의 지오"라고 핵심가치를 공유하며, "신뢰할 수 있는 헤어디자인을 해드리겠다" 이렇게 스토리텔링을 하니 실제로 고객들께서는 "믿고 맡길 수 있다. 너무 믿음이 간다" 이런 후기를 많이 주셨다. 또 그렇게 입소문도 내주시고 소개도 많이 해주신다. 이처럼 스토리텔링은 미용인에게 필수이다. 이것이 고객의 마음을 움직이는 비밀이 된다. 이는 곧 실력이기에 다가온 미래의 미용 산업에서는 기술 이외에도 이런 실력을 쌓아야 한다.

이처럼 스토리텔링을 잘하는 사람들은 고객의 마음을 움직이고 고객에게 사랑받으며, 이는 곧 개인과 조직의 성장으로 이어진다.

사람 때문에 그만두고 싶어요. 이럴 때 어떻게 대처하나요?

살롱에서 파트너 퇴사 사유를 조사해봤더니 1순위가 '인간관계' 때문이었다. 나의 파트너 시절에도 가만히 생각해보면 거의 대부분은 인간관계로 인해 퇴사했던 기억이 난다. 앞서 다룬 바 있지만, 조금 더 디테일한 사례 중심으로, 저자의 이야기를 바탕으로 자세히 설명해보도록 하겠다.

지금으로부터 12년 전 파트너 시절, 한 번은 이런 적이 있었다. 지금 이야기하니 추억에 지나지 않던 해프닝이지만, 그때 당시에는 꽤나 심각한 일로 여겨져 힘들었던 기억이 어렴풋이 난다. 당시 파트너 시절에 같이 일하는 파트너 선배가 있었는데, 그 언니가 청소는 안 하고 만날 후배들만 시키고 자신은 스태프임에도 불구하고 해야 할 일을 하지 않는 것이었다. 내가 막내여서 이러지도 저러지도 못하고, 항상 나는 기술을 배우고 싶은데 그 언니의 심부름과 청소를 주로 담당했어야 했다. 그리고 6개월이란 시간이 흘러 모든 파트너들이 괴롭고 그 언니 때문에 미용을 포기할 것만 같다고 힘들어하였다. 그래서 원장님께 그 언니에 대하여 보고를 하자는 것이었다.

그날 우리는 참다 참다 원장님께 보고를 하였다. "언니가 일하며 자기 뜻대로 되지 않을 때 고객님들이 많이 있는 앞에서 쓰레기통을 발로 차고 화내면서 직원실로 들어갔다. 원장님이 주신 업무를 본인이 처리하지 않고 다른 후배 파트너들에게 시키고 담배 피우러 나갔었다. 원장님이 자리를 비울 때마다 시도 때도 없이 원장님 뒷담화, 그리고 원장님 오시면 우리 뒷담화를 했다" 등 이런 모든 것을 보고 드렸다. 하지만 원장님께 돌아오는 대답은 "후배들은 선배 말을 들어야지. 스태프도 부족한데 잘 지내봐 싸우지 말고."라는 이야기뿐이었다.

그 파트너 언니는 우리에게 상처받았다고 눈물을 보이고 고치겠다고 했지만, 바로 다음 날부터 더 우리를 힘들게 했다. 그래서 어떻게 됐을까? 그 언니를 제외한 모든 파트너들이 한 명 한 명 그만두었다. 같이 그만두자고 약속한 것도 아니었다. 여기서는 비전을 느끼지 못한다고 하나둘 그만두는 것이었다.

원장님은 나중에 전화를 해서 "차라리 그 친구를 그만두게 해야지 왜 열심히 하는 너희가 그만두냐"고 하소연하였다. 나는 지금 돌아보니 전체가 한 사람의 악행으로 힘들어하는 경우에는 스태프가 부족하다며 감싸기만 할 게 아니라 진지하게 고객을 위해, 브랜드를 위해 어떤 선택을 해야 하는지 고민을 했어야 한다고 생각한다. 그때는 몰랐지만 내가 원장이 돼 본 지금, 매장을 운영한다는 것은 단순히 매출을 올리는 공간을 만드는 일이 아님을 너무나도 잘 느끼고 있다.

매장을 운영하고 직원이 있다면 가장 중요시해야 할 과제 중 하나는 '팀워크'이다. 팀워크가 무너지면 모든 것이 무너진다. 리더가 체크할 것 중 하나는 팀워크이다. 미용이라는 직업은 앞서 언급했듯 사람에 대한 이해도가 높아야 하는 직업이다. 사람의 마음에 감동을 불러일으켜 돈을 버는 직업이기 때문에 사람에게 사랑받아야 성공할 확률이 높은 직업이다. 그렇기 때문에 팀워크는 서로 간의 화합, 그리고 관심, 이해에서부터 출발한다.

여기서 체크해 봐야 할 것이 있다. 미용이라는 직업을 택한 나는 매장에서 사람들이 힘들게 할 때마다 내 꿈을 포기하고 내려놓아야 할까?

정답은 "그렇지 않다"이다.

사람이란 존재는 각각 타고난 성격, 타고난 재능 모두가 다르다. 따라서 내가 아닌 어떤 누구와도 100% 잘 맞을 순 없다. 가족끼리도 계속 붙어있으면 싸우는데 가족보다 더 많은 시간을 함께 보는 우리는 당연히 살아온 환경, 성격 등 모든 것이 다르기 때문에 부딪힐 수밖에 없다. 사람 때문에 꿈을 포기하는 것은 성급하고 어리석은 판단이다. 세상 누구를 만나도 나와 같은 사람만 있는 것은 아니다. 심지어 디자이너가 되어 고객을 만날 때도 그렇다.

나와 맞는 사람만 헤어를 시술한다고 해보자. 미용인으로서 기본 역량이 갖춰져 있지 않은 것이다. 다양한 사람들의 헤어를 연출해드리고 소통해야 하는데 사람 때문에 계속 포기하는 습관이 들어버리면 미용인으로서도 자질을 갖추지 못하게 된다.

이럴 때 솔루션은 함께 일하는 사람을 보고 미용을 하는 것이 아니라 리더, 브랜드의 비전을 보고 일을 하는 것이다. 리더가 비전이 없고 무능력하다면, 브랜드가 비전이 없다면 당연히 내 성장을 위하여, 내 꿈과 비전이 맞는 곳을 찾아가야 하는 거고, 내가 생각했을 때 리더가 비전이 있고 이 브랜드가 비전이 있어서 이곳에서 성장하고 싶다면 앞을 보고 리더와 관계성을 맺으며 나아가라는 것이다. 직장 동료와 이야기도 하지 말고 리더랑만 이야기하라는 소리가 아니다. 내가 옆에 언니랑 사이가 안 좋아 그 언니 때문에 내 인생을 포기하거나, 내가 옆에 언니랑 너무 친해졌는데 그 언니가 그만두니까 또 그 언니 따라 다른 샵을 가는 식으로 이렇게 타인에 의해 내 운명을 이리저리 쉽게 바꿔가며 선택을 하는 것이 아니라, 브랜드와 리더와의 나와 사이의 1:1 소통을 해야 내 성장에 도움이 된다. 마치 절친을 맺듯, 브랜드와 나 사이에 절친을 맺으라는 소리이다. 이 브랜드가 내 성장을 위해 어떻게 나를 도와줄 건지, 내가 이 브랜드의 성장을 위해 뭘 할 수 있을지 서로 긴밀하게 소통하고 관계성을 맺고 절친처럼 지내라는 것이다.

파트너 때는 가장 많은 성장을 할 수 있는 시기이다. 내가 생각했을 때 내 성장에 방해되는 인간관계는 정리하고, 내가 생각했을 때 내게 도움이 되고 성장을 가져다주는 사람을 가까이하라. 파트너 때는 이리저리 휩쓸리기 좋지만, 시간이 너무 금방금방 가기 때문에 그때부터 나를 만들어가지 않으면 디자이너가 되었을 때 지금 모습과 별반 다를 게 없는 미용인이 되어 있게 마련이다.

파트너 때 내가 지금 어떤 것에 시간 투자를 하고 있는지를 잘 보아야 한다. 내가 현재 열정적으로 몰입해서 연습해서 미용사가 되기 위해 노력하고 있다면, 디자이너가 되어서도 지속성장이 가능한 미용인이 되어 있을 것이다. 내가 지금 만날 놀러 다니고, 이 사람 저 사람 만나서 음주가무 즐기는 것을 좋아하는 파트너라면, 디자이너가 되어서도 성장에 관심이 있다기보다는 사람들과 노는 것에 관심이 있어 성장과 점점 멀어지는 미용인이 될 수밖에 없다. 따라서 지금 이 순간,

인간관계에 연연할 때가 아니라 내 인생을 위해 시간을 투자하여 성장할 수밖에 없는 미용사로 스스로 트레이닝하라. 그 첫걸음이 성장할 수 있도록 돕는 사람과 자주 만나고, 자주 이야기하고 내 곁에 두라는 것이다.

또 내가 속해 있는 매장의 리더가 무섭다고 피하지만 말고 면담, 미팅 시간을 내어 달라고 졸라서라도 시간을 보내야 한다. 파트너 때 만나는 인간관계 및 친구들은 다 비슷한 마인드를 가지고 있는데, 나를 더 새로운 시각으로 보게 만들어 줄 수 있는 사람이 그중에는 샵 대표, 리더이이기 때문이다.

이처럼 인간관계를 걱정할 시간에 내가 더 성장할 수 있는 시간을 만드는 게 나의 성장을 위한 지름길이다.

저자는 아직도 나의 자존감을 무너뜨리는 사람, 나를 하찮게 여기는 사람, 만나서 내가 성장이 아니라 다른 생각만 들게 하는 사람, 그런 사람을 만나는 것을 멀리한다. 반면 시너지가 나는 사람, 나에게 성장, 영감을 주는 사람, 배울 점이 많은 사람, 이런 사람은 늘 곁에 두고 그들의 동선을 밟으며 그들에게 배우고자 한다. 나보다 어릴지라도 계속 뭐가 그들을 그렇게 만드는지 연구한다.

내 옆에 시너지 날 수밖에 없는 건강한 마인드를 가진 사람들이 많아지다 보니 가속도가 붙어 남들보다 더 많은 것에서 팀워크를 이뤄 일할 수 있게 된 것이다. 요약하면 다음과 같다.

- 인간관계는 나로부터 시작된다.
- 내가 먼저 좋은 사람이 될 것
- 내 곁에 둘 사람은 내가 결정할 것
- 나에게 성장과 영감을 줄 수 있는 시너지를 낼 수 있는 사람들을 곁에 두고, 내 인생에 안 좋은 것을 다져다 주는 사람은 멀리하라.
- 나보다 훨씬 더 많이 성장한 사람들, 예컨대 내가 속한 살롱의 대표나 원장님들에게 시간을 내어달라 하고 미팅과 면담 요청을 자주 하라.

주변에 이렇게 건강한 마인드와 성장 마인드를 가진 사람들이 많아지다 보면 본인 역시도 성장에 가속도가 붙어 엄청 많은 성장을 이루게 될 것이다.

매출 1등 vs 헌신 1등
누구를 선택할 것인가?

살롱을 경영하다 보면 위의 제목과 비슷한 질문들을 많이 듣는데, 각 매장마다 핵심 가치가 다르기 때문에 이 질문에 대한 정답은 사실 정해져 있지 않다. 오너가 어떤 가치를 우선시하느냐에 따라, 만들고자 하는 조직문화에 따라 선택을 해야 하는 문제에 가깝다.

내가 운영하는 〈217〉헤어살롱에서도 해마다 이런 일들이 종종 일어난다. 경영자는 문제가 생길 때마다 흑백논리로 보지 말고 살롱의 매뉴얼에 어긋나는 것이 있는지 살필 줄 알아야 한다.

먼저 가장 많이 일어나는 문제는, 매출 1등을 하는 디자이너는 이익적으로는 살롱에 많은 기여를 하기 때문에 모든 것이 다 정답이라 여겨지는 경우가 많다는 점이다. 오너들도 매출 1등 하는 디자이너가 실수를 하거나 룰에서 벗어나는 행동을 하면 눈감아주는 경우가 많다. 혹시나 매출 1등 디자이너가 매장을 퇴사할까 봐 두려운 마음에 다른 직원들이 보았을 때 시스템과 매뉴얼을 무시한 상황임에도 이를 묵인하는 혜택을 주는 경우이다.

그러나 매출 1등을 하지만 다른 사람들은 고려하지 않은 채 자기 이익만 따지는 디자이너에게는 회사의 조직문화를 알려주고 회사의 제도, 시스템을 따르게 교육을 해주어야 한다. 그렇지 않을 경우 장기적으로 여러가지의 문제점들이 발생하는데, 이런 것들이다.

1. 팀 협력 파괴 : 팀은 서로의 지원과 협력을 통해 최상의 성과를 달성할 수 있다. 하지만 매출 1등이 자기 이익만을 추구하고 다른 직원들을 무시하거나 경쟁적으로 대우한다면 팀의 일원들은 불안감을 느끼고 협력을 꺼리게 될 것이다.
2. 조직문화에 부정적인 영향 : 다른 직원들은 공평성과 상호 존중을 중요하게 생각하며, 이러한 가치를 무시하는 행동은 조직 내에서 불만과 갈등을 유발할 수 있다. 이는 조직 내부의 환경을 악화시킬 수 있다.
3. 장기적인 성과에 부정적인 영향 : 피해를 받는 다른 직

원들은 불만을 품고 회사를 떠나거나, 더 나쁜 경우에는 조직 내에서 부적절한 경쟁과 갈등을 촉발할 수 있다. 이는 회사의 전체적인 성과와 긍정적인 분위기에 영향을 미칠 것이다.

요약하면, 매출 1등이라고 해도 다른 직원들에게 피해를 주고 자기 이익만을 추구하는 행동은 팀 협력을 파괴하며 조직문화에도 부정적인 영향을 미치며, 장기적으로는 회사의 성과에도 해를 끼칠 수 있는 부적절하고 불공정한 행동이다. 이것이 우리 회사와 맞지 않는 행동이라는 것을 반드시 교육하고 우리 회사와 협력하며 갈 것을 리더가 알려줘야 한다.

다음으로, 매장을 위해 헌신하는 디자이너에 대해 사례를 들어 이야기해보겠다.

한 직원이 있었다. 그는 늘 매장에서 하수구 정리, 남들이 안 하는 고객 가운에 향수 뿌려서 고객들 기분 좋게 해주기, 꽃을 사다가 매장 곳곳에 비치하기, 자기 사비를 들여서 직원들 간식 사다주기 등 늘 매장에서 조직원들의 기분을 좋게 해주려고 노력하는 직원이었다. 누가 봐도 매장을 너무 사랑하고, 매장을 위해 일을 했고, 안쓰러울 정도로 매장을 위해 헌신했다. 하지만 이 친구의 경우에는 매출, 능률, 기술 연습이라든지, 테스트 준비, 고객과의 상담, 매출 증대 및 실적 상승

등에는 관심이 없었다.

여기서 헌신이란 내 기준의 헌신인지 매장에 적합한 헌신인지를 체크해야 한다. 쉽게 예를 들어, '사랑'이라고 했을 때 세상에는 여러 종류의 사랑이 존재한다. 부모·자식 간의 사랑이 있고, 남녀 관계의 사랑이 있고 직장 동료와의 우정 비슷한 사랑, 혹은 친구끼리의 우정 비슷한 사랑이 있으며, 동네 사람들끼리의 사랑도 있을 것이다. 이처럼 사랑의 종류가 너무 다르다. 부모 자식간의 사랑과 남녀 사이의 사랑은 종류도, 원하는 것도 다르다.

회사와 나 사이의 헌신도 마찬가지이다. 회사와 나 사이에는 가족끼리 끈끈함의 사랑과 우정, 헌신을 바라는 게 아니다. 함께 성장하는, 누구 하나가 헌신해서 힘들어지는 관계가 아니라 둘 다 함께 윈윈하며 성장하는 관계성을 바라는 것이다. 따라서 그 친구가 샵에서 이것저것 헌신하는 것은 좋지만, 회사에서 바라는 것은 그 친구의 성장이다. 예컨대, 남녀 사이의 사랑을 친구 간의 우정처럼 하면 안 되고, 찐 친구들끼리의 우정이 남녀 간의 사랑과는 다르듯, 회사와 직원 간의 관계는 함께 성장하는 것에 의미를 둔다. 핵심 가치는 '성장'이기 때문에 그 직원이 아무리 우리 브랜드를 사랑하더라도 우리 살롱에서 성장이 없다면 같은 곳을 바라보고 있지 않은 것이다.

만약 리더가 이 직원을 그저 사람 좋다고 하여 곁에 두고,

연습도 하지 않고, 능률을 올리지 못하며, 자기가 하고 싶은 것에만 관심 있는 상태로 직원을 계속해서 방치한다면, 여러 가지 부정적인 면들이 생긴다.

첫째, 동기 저하와 불만 증가 : 연습 부족으로 인해 성과가 저하된 직원을 방치하면 다른 직원들은 불만과 동기 저하를 불러일으킨다. "쟤도 안 하는데 왜 저한테만 그래요?"라는 말들이 나오기 시작한다. 이런 분위기는 매장에 엄청난 부정적인 영향을 가지고 온다.

조직 내에서 이런 한마디 한마디는 웃으면서 가벼이 넘길 말들이 아니라, 당장 해결해야 할 시급한 과제이다.

둘째, 부정적인 팀 문화로 변질 : 성과가 부족한 직원을 방치하면 팀 내에서 부정적인 문화가 형성될 가능성이 있다. 이는 내가 제일 싫어하는 문화다. 모두 다 같이 열심히 하는 조직문화가 아닌, '연습한다고 뭐가 달라져? 이렇게 오랜 시간 일하는 것만으로도 난 힘든데' 하면서 한 사람의 마인드가 전체를 장악할 수도 있기 때문이다. 냉장고 야채칸에 모여있는 야채들 중 하나가 썩기 시작하면 다른 야채들도 다 같이 썩기 마련이다. '한 사람만 그런데 뭐' 하고 가볍게 넘겼다간 전체가 부정적인 조직문화를 형성할 수 있음을 경영자들은 알아야 한다. 또한 다른 직원들은 공평성을 중요하게 생각하며,

노력과 성과를 인정받지 못하는 것에 대한 불만을 품게 될 수 있다

셋째, 조직의 성과 하락 : 무능한 직원을 방치하면 조직의 전반적인 성과에 영향을 미칠 수 있다. 부족한 성과로 인해 프로젝트가 지연되거나 품질이 저하되면 조직의 목표 달성에 어려움을 겪을 수 있으며, 이는 조직의 경쟁력을 약화시킬 수 있다. 그 해결방안은 그 직원이 자신이 재미있고 하고 싶은 일에 열정을 쏟게 만드는 것이 아니라, 회사에 기여할 수 있고 자신도 성장할 수 있는 프로젝트를 하도록 리더가 코칭해야 하며, 노력하는지 안 하는지 수시로 체크해줘야 한다.

만약 목표를 세우기만 하고 노력하지 않는다면 최악의 경우 직원과의 상호 합의하에 퇴직 혹은 별도의 대안을 고려해봐야 한다.

따라서 부족한 성과를 가진 직원을 방치하는 것은 조직 내에서 부정적인 영향을 미칠 뿐만 아니라, 팀 협력과 조직의 성과에도 부정적인 영향을 미칠 수 있으므로 조치를 바로 취해야 한다. 해당 직원과의 대화, 개선 계획 마련, 교육 및 훈련 제공 등으로 시스템을 만들어야 한다.

이처럼 개인이 원해서 하는 개인 기준의 '헌신'이란 중요하지 않다. 조직원 각각은 서로가 너무 다른 존재들이다. 조

직원 개인을 자유의지에만 맡겨둔 채 방관하면 그들은 조직 내에서 자기 방식으로만 조직을 사랑하려 한다. 자기방식으로만 열심히 한다. 자기방식으로만 살아간다. 따라서 살롱마다 경영자가 정해 놓은 가치관, 그리고 핵심 가치, 사명의 중요성에 대한 인식을 심어주고 가이드를 주지 않으면 회사는 산으로 가버린다.

또 다른 사례를 들어보겠다. 매출이 높은 디자이너였지만, 다른 디자이너들을 다 무시하고, 지시 사항을 파트너들이 잘못 알아들으면 고객님이 있는데도 앞에서 무안을 주고 혼내고 하니 직원들이 그 디자이너 때문에 퇴사하고 싶을 정도로 힘이 든다는 것이었다. 한두 명도 아니고 여러 명이 다 너무 힘들어했다. 그러다가 아무도 그 디자이너의 메인 스탭이 되고 싶지 않아 하는 것이었다.

파트너들이 도와주지 않으면 많은 고객님들을 편안하게 시술해드릴 수가 없다. 파트너들은 존경할 수 있는 선생님은 내 일처럼 도와주지만 존경하지 않는 선생님과는 딱 해야 할 일까지만 하게 된다. 사람의 마음이 그렇지 않은가? 존경하고 사랑이 있는 선생님은 퇴근해도 되는데도 불구하고 남아서 "우리 선생님"하고 도와주기 마련이다.

결국 나는 이러한 것들은 실력이라고 평가한다. 리더십도 실력이다. 따라서 이 디자이너의 경우 매출을 올리는 실력은 높았을지 몰라도 사람 다루는 실력은 낮다고 평가한다. 이런 사람에게는 오너의 자리, 즉 리더의 자리, 리더십이 필요로 한 자리는 맞지 않다고 생각한다. 조금만 깊이 생각해보면, 나를 도와줄 사람이 있어야 매출도 더 많이 찍을 수 있을 것인데, 자기 성격대로 사람들에게 함부로 대하다 보니 주변 사람들을 다 잃는 상황이 될 수 있다. 정말 각성하지 않으면 아무도 그를 도와주지 않을 것이다. 또 매출은 잘하더라도 막상 리더가 되고 싶을 때 리더십이 결여되어 진정한 리더가 될 수 없을 것이다.

〈217〉에서는 인성에 대해 전 직원 앞에서 알려준다. 아무리 매출을 잘 하면 뭐하는가? 인성이 좋지 않다면 장기적으로 보았을 때 고객도 떠나가고 하는 동료들도 등을 돌리게 된다. 살롱에서 매출 올리는 방법뿐만 아니라 이런 가이드라인을 주지 않으면 '아, 이 회사는 매출 1등만 하면 멋대로 하게 내버려 두는 구나'라고 생각하게 만들며, 매장을 위해 청소도 하고 열심히 하던 사람마저도 '이런 것 다 부질없어, 매출만 하자'하는 마음을 품게 만들며, 결국 열심히 하는 인재를 잃어버리게 된다. 그렇기 때문에 오너는 매출을 잘 올리는 실력에서는 높이 평가하지만 사람다루는 실력에서는 낮은 점수라는 것을 알려주고, 나중에 리더가 되고 싶다면 리더십 공부와 노력도 해야 한다고 가이드를 줄 필요가 있다.

혹시 내가 지금 매장에서 사람 때문에 힘든 상황이라면 이

글을 찬찬히 잘 읽어보길 바란다. 또 다른 사람의 성과를 의식하는 것이 아니라 나의 성장은 어느 부분이 더딘지, 어느 부분이 점수가 높은지 한번 체크해 보고 개인의 성장하는 데에 힘쓰길 바란다.

미용계에서는 공평하다. 내가 매출은 최고치를 찍지 못하더라도 사람 관리 잘하고 다른 영역에 너무 뛰어난 대체 불가한 인재라면 회사에서는 당신을 선택해 리더로 만들어 줄 수도 있고 당신과 여러가지를 함께 할 수 있다. 다른 사람보다 부족한 단점을 고민하기보다는, 자신의 성장 로그맵을 그려보는 데 시간을 투자하길 바란다.

공정함과 체계가 중요한 매니저 vs 자유로운 디자이너

살롱 경영에서도 공정함은 중요한 가치 기준이다. 계속 이야기하듯, 샵의 핵심가치관이 중요한 이유는 어떤 문제가 생겼을 때 이 말도 맞고 저 말도 맞는 듯해 선택을 해야 하는 경우가 많이 생기기 때문이다. 이 선택의 기로에서 경영자만의 가치관, 브랜드만의 가치관이 없다면 갈팡질팡할 테고, 여러 가지 그때그때 위기를 모면하는 결정들을 하게 될 텐데, 이것은 살롱 경영에 치명타가 되기 때문에 경영자만의 뚝심 있는 가치관에 근거한 결정이 필요하다.

미용실을 운영하면 관리자와 디자이너의 트러블이 항상 일어나기 마련이다. 내가 8년 차 매장을 운영하며 느낀 점은, 관리자는 공정과 체계, 그리고 안정적인 것을 중요하게 여기고, 디자이너는 자유롭고, 구속받지 않고 싶어 하기 때문에 마치 기름과 물처럼 섞일 수 없는 운명같다는 생각이다. 〈217〉에서도 관리자와 디자이너의 마찰이 많았었는데, 가장 잘 안 되는 부분이 의사소통, 상호이해였다. 기름은 물에게 "나는 네가 이해가 안 돼. 진짜 왜 그러는지 모르겠어. 내가 맞잖아"라고 이야기하면 물이 기름에게 "넌 진짜 이해가 안 돼. 내가 맞아"라고 각자 자신의 주장만 하고 있다. 따라서 이런 상황을 해결하기 위해서는 소통이 너무나도 중요했는데, 이 트러블을 줄일 수 있는 방법 몇 가지 소개하려 한다.

1. 의사소통

매주, 혹은 매월 날짜를 정해 놓고 의사소통 시간을 가져야 한다. 상호 존중이라는 슬로건 아래에 서로 존중하며 이해할 시간들이 필요하다. 서로 어떤 점이 힘든지, 어떤 면이 일할 때 불편한지 솔직하게 털어놓고 감정들을 공유하는 시간을 가져야 한다. 가장 중요한 것은 업무적인 이야기만 하는 것이 아니라 서로 의사소통을 하면서 느껴졌던 감정적인 부분 또한 함께 소통해야 한다. 관리자와 디자이너는 서로의 기대와 요구사항을 명확하게 이해해야 한다.

2. 상호 이해

특히 관리자가 직급자일 경우 무조건 직급자의 말을 따라야 하는 점이 엄격하게 느껴질 수 있다. 직장 내 강압적이고 다른 사람들의 말은 들어주지도 않는 엄격한 관리자의 타이틀은 좋은 것이 아니다. 관리자란 말 그대로 직원들이 좋은 환경에서 성과를 올릴 수 있도록 관리를 해야 하는 입장인데, 직원들의 소리를 들을 수 없고 자기 말만 맞다고 주장한다면 어느 누구도 그 관리자에게 자신의 이야기를 털어놓지 않을 것이다. 따라서 '나는 너를 존중한다. 나는 너의 업무를 이해하고 있다. 나는 너의 패턴을 알아가려 노력 중이다.'와 같은 말, 그리고 행동을 하며 서로를 이해하는 과정을 거쳐야 한다.

3. 공동목표 설정

가장 중요한 부분인데 서로 다른 길, 다른 목표로 가는 것이 아닌, 회사의 성장을 목표로 가기에 두 그룹은 공동의 목표를 설정하고 해당 목표에 집중할 수 있는 프로젝트들을 구상해야 한다. 이러한 공동목표는 회사의 성공과 성과를 중심으로 구성돼야 하고, 모든 팀원이 함께 의견을 내고 구상해야 한다. 그래서 모든 팀원이 이 목표에 동의하고 공감하고 있어야 협력할 수 있으며, 성과로 연결할 수 있다.

4. 역할 분담

관리자와 디자이너, 각각의 역할과 책임을 명확하게 정의

하는 것이 중요하다. 누가 어떤 작업을 담당하며, 어떤 결정을 내릴 권한이 있는지 등을 분명히 해야 한다. 관리자는 디자이너의 업무를 지원하고 필요한 지침을 제공하며, 디자이너는 주어진 업무를 책임지고 제시간에 완료해야 한다. 따라서 자유로운 활동만이 아닌, 공통의 목표를 달성하기 위해 책임감을 바탕으로 자신의 실력을 입증해야 한다. 이러한 요소들을 고려하여 관리자와 디자이너 간에 효과적인 협력을 구축할 수 있으며, 서로 다른 스타일과 업무 방식을 조화시키는데 도움이 될 것이다.

가령, 〈217〉을 운영하며 급여의 공정함의 기준을 정했는데, '노력한 만큼, 열심히 한 만큼'이다. 얼굴, 재력, 가진 것은 공평하기 힘들 수 있다. 하지만 최선을 다하는 것, 열심히 하는 것, 열정적으로 하는 것은 누구나 같은 시간이 주어지고, 누구나 연습할 수 있는 장소, 환경이 주어지기 때문에 공평, 공정을 판단하기에 매우 적합하다 생각한다. 열심히 하지 않는데 모든 이들에게 똑같이 해달라는 것은 불공정함이다.

미용이란 직업이 좋은 것은 열심히 한 만큼 대가가 따라온다는 것이다. 너무 공정한 직업이다. 자신이 노력하고 트레이닝 한 만큼 바로 결과가 보이는 직업이다.

〈217〉 매장에서는 퇴근하면 8시가 넘는데도 다음날 오실 고객들을 위해 다음 예약 준비를 하거나, 블로그 포스팅을 하거나, 인스타 콘텐츠 촬영을 한다든가 등의 일로 성장을 위해 시간 투자, 열정 투자를 하는 직원들이 많이 있다. 그렇기 때문에 주어진 시간 외에 내 개인적인 시간까지 투자하는 친구들과 아무것도 하지 않는 친구들에게 똑같이 성장의 열매를 나눠주는 시스템이어서는 안 된다고 생각한다. 〈217〉에서 정한 룰은 성장한 만큼, 시간 투자하는 만큼 직급도, 연봉도 달라지는 것이다.

본론으로 돌아와, 다음으로 서로 협력하여 시너지를 낼 수 있는 방법을 이야기해보겠다.

1. 중재와 조율시스템 : 프리랜서들과 관리자 간의 중재와 조율 역할을 수행할 수 있는 중재자를 세워야 한다. 중재자는 중립적인 입장에서 각종 의견을 듣고 공정한 결정을 내릴 수 있도록 한다.
2. 객관적인 데이터와 사례 제시 : 자유로운 성향과 관리자의 엄격한 관리 방식 사이의 객관적인 데이터와 사례를 제시하여 두 그룹 사이의 갈등을 해소할 수 있게 한다. 성과, 생산성, 품질 등의 측정 지표를 통해 두 그룹의 업무방식을 비교하고 논의해야 한다.
3. 팀 문화와 가치 스터디 : 회사의 팀 문화와 가치를 강화하는 데 초점을 맞춰야 한다. 팀원들이 함께 공유하는 가치와 목표를 높이 평가하고, 모든 팀원이 이를 준수하

도록 독려해보자.

살롱에서는 비슷한 사람끼리만 뭉쳐 있으면 안 된다. 사람은 누구나 장점, 약점을 가지고 있다. 하지만 내 맘에 들거나 안 든다고 하여 모두 비슷한 사람끼리만 뭉쳐 있다면 단점이 더 극대화될 테고 언젠간 무너지게 되어있다.

리더가 하는 일은 이런 각각의 다른 강점을 가진 인재들을 하나로 모으고, 이들을 지휘하며, 이들이 서로 협력하여 시너지를 내게 하여 시스템으로 만들어 살롱이 알아서 성장을 할 수 있는 수준까지 이끌어내는 역할이다. 그렇기 때문에 앞으로도 계속 힘들 것이다. 앞으로도 트러블은 계속해서 생길 것이다. 왜냐면 우리는 비슷하고 트러블 없을 사람만 모을 게 아니라 다른 사람들을 모아 시너지를 내게 할 것이기 때문이다.

관리자는 관리자다워야 하며 디자이너는 디자이너다워야 한다. 나와 다르다고 그들을 무시하거나 폄하하거나 지적하지 말고, 나와 다르기 때문에 내가 못 보는 부분을, 내가 어려워하는 부분을 캐치해서 관리해줄 수 있다고 받아들이며, 내가 성장하는 데에 협력할 수 있는 방향성으로 이끌어야 한다.

사람은 혼자서는 성장할 수 없다. 내가 갖지 못해서 불편한 것을 그 사람이 잘못되었다고 치부하면 안 된다. 또한 디자이너 입장에서는 자유로운 환경에서 영감과 능률을 올리는 직종이기에 관리자의 억압이 능률에 영향을 미칠 수 있다. 관리자가 원하는 방향성 또한 이들의 성장이며, 디자이너가 원하는 방향성 또한 이들의 성장이다. 이들이 성장할 수 있는 시스템으로 조금씩 바꿔줄 혁신과 영감이 필요하다.

늘 일관성 있게 행동하되, 실제로 필드에서 뛰는 사람들에게 영감이 많을 수 있으므로 실제로 그들의 말에 귀 기울이고 받아드릴 건 받아드리며, 수정할 수 있는 부분은 수정하고 함께 소통해 나간다면 문제없이 해결될 수 있다. 수정한다고 해서 말이 번복되어 매니저의 권위가 바닥에 떨어진다거나, 자존심 상한다거나 하는 일과는 무관하다. 말이 번복되는 일이 생기더라도 그들의 말에 귀 기울여 주고, 그들이 더 성장할 수 있는 방향성으로 발판을 마련해주고 도왔다는 점, 그것이 중요하다. 우리가 어떤 것 때문에 이렇게 서로 다른 직급이 모여 일을 하도록 구성되어 있는지 잊지 말자. 공평함에 사로잡혀 체계과 질서, 일관성에만 구속되어 그것을 법으로 여기고, 그것에 나를 가두지 말자. 결국 매니저가 있는 이유는 그들이 행복하게, 그리고 성장할 수 있도록 관리와 방향성을 마련해주는 것에 목적이 있다.

존경하고 싶은 선생님만 도와주는 파트너 vs 지시만 하는 디자이너

앞에서는 파트너들의 인간관계에 관해서, 디자이너와 매니저의 관계성에 대해 다루었다. 이번에는 디자이너와 파트너의 관계십에 대해 이야기해보도록 하겠다. 특히 여기에서 이야기하고 싶은 내용은 '리더십'이다.

디자이너는 오너가 아니다. 그렇다고 브랜드의 대표도 아니다. 하지만 지금 눈앞의 고객을 케어하는 데 만큼은 디자이너는 대표 역할을 한다. 한 분 한 분의 고객에 대해서만큼은 매장보다 디자이너의 역량이 더 중요해진 시대이다. 고객은 브랜드를 보고 오는 것도 맞지만, 결국에는 이 디자이너가 맘에 들어야 계속 방문하는 것이고, 디자이너의 이미지가 고객이 생각하는 브랜드의 이미지가 되기 때문에 굉장히 중요한 부분이다. 디자이너를 서포트 하는 파트너는 한 분의 고객을 감동시키기 위해 파트너십을 맺어야 하는 관계이다. 고객이 만족할 수 있게 디자이너를 도와 서포트 해주어야 한다. 따라서 존경하고 싶은 디자이너를 파트너가 고르는 게 아니라 한 명 한 명의 고객에 대해 파트너와 디자이너가 파트너십을 맺어서 최선을 다해 감동시키고 만족시켜야 한다.

디자이너들이 대부분 실수하는 것이, 지나치게 자유로움을 추구하다가 간혹 파트너를 다루거나 매장 근무에 있어서 자기 마음대로 하려고 하는 경향을 보이는 경우이다. 자유로움이란 자신이 자기경영 능력이 뛰어나 능률과 자유를 자율적으로 컨트롤 하는 것을 의미하는데, 아무런 능력과 능률도 없이 무턱대고 자유로운 것은 진정한 자유를 누리고 있다고 말할 수 없다.

디자이너들이 파트너들과 협력관계를 맺을 때 자신이 생각하는 자기만의 방식으로 파트너들을 마치 하녀처럼 대해서는 안 된다. 말 그대로 고객이 감동할 수 있는 프로젝트를 짜야 한다. 고객들은 거울을 통해서도 수시로 우리를 보고 있다. 어떻게 하면 고객에게 더 좋은 서비스를 줄 수 있는지 파트너와 함께 회의하고 전략을 짜라. 이렇게 디자이너가 주최하여 고객을 위한 서비스를 함께 회의하고 전략을 짜는 과정 자체를 리더십이라고 한다. 디자이너들은 감정으로부터, 모든 것으로부터, 자기가 하고 싶은 것에 대한 지식만이 아니라 파트너와 협력관계를 이루기 위해 필요한 것이 리더십이다. 대표가 가질 리더십과는 조금은 다르지만, 그래도 리더십은 반드시 필요하다.

리더십이라고 하면 사람들이 대부분 지시하고, 직원을 다루고, 통제할 수 있는 것이 리더십이라고 착각하지만, 사실 리더십은 영향력이다. 완전하든 완전하지 않든 타인에게 영향을 미치고 있다면 최대한 완전해지도록 노력하며 리더십을 갖춰가야 한다. 디자이너에게 필요한 리더십은 '어떻게 하면 이 파트너와 협력하여 고객 만족, 고객 감동을 시킬 수 있을까?'를 연구·회의하며, 거기에서 벗어난 것을 피드백하고, 실수하였을 때 정확한 가이드라인을 줘야 파트너들도 배울 수 있는 사람이 되는 것이고, 본인 스스로도 필요한 역량을 갖춰가는 과정이 될 것이다.

이것을 잘 모르고 자신이 매출을 올리는 데에 이 친구는 '그저 돕는 사람, 내가 시키는 거 하는 사람'이란 생각으로 '보조'라고 인식하며 함부로 대한다면 이 둘의 관계는 협력할 수 없게 된다.

파트너도 성장하고 싶어서 이 샵에 있는 것이기 때문에 '이 선생님이 무서워요, 나를 막 대해요'라고 이야기하며 다른 선생님과 파트너십 맺고 싶다고 말할 것이다. 정말 무서워서 이 선생님이랑 하기 싫다는 것이 아니라, 이 선생님에게 비전이 없어서 다른 선생님과 파트너십을 맺으려고 하는 것이다.

파트너들은 자신을 성장시킬 수 있는 사람을 찾아다닌다. 그러므로 존경할 수 있는 선생님을 도우려고 하고 그들을 서포트 하고자 하는 것이다. 존경할 수 없는 디자이너란 매출을 못하는 디자이너가 아니라 자기밖에 몰라서 파트너들의 성장에 관심이 없는 사람들이다. 협력관계를 맺으려면 그들을 성장시켜 내 고객님을 함께 만족시키는 방법을 연구해야 한다. 예컨대, 우리 매장의 어떤 선생님은 고객을 너무 사랑하기 때문에 자신과 메인이 된 파트너에게 항상 일 끝나고 '드라이' 방법도 알려주고 '다운' 잘하는 방법도 알려주는 등 계속해서 도움을 주었다.

이 선생님은 시간이 한가해서 파트너를 남겨서 만날 교육시키고 도와주었겠는가? 이 직원과 함께 일을 하며 내 고객이 더 나은 서비스를 받도록 하고 싶은 마음에 기꺼이 자기 시간 투자하여 메인 인턴을 교육하는 것이 아니겠는가? 그렇기 때문에 이 인턴 파트너는 정말 짧은 시간 안에 여러가지 시술을 마스터할 수 있는 사람이 되었고, 고객이 너무 맘에 들어하고 감동 받아 재방문 고객이 점점 늘었났으며, 둘은 너무 좋은 팀워크로 행복해 보이기까지 했다.

반면, 다른 한 디자이너는 왜 내가 남아서 교육해줘야 하는지 모르겠다고 하고, 알아서 배우라고 하고 지시만 하니 그 친구의 메인 인턴은 항상 다른 디자이너 선생님의 메인 인턴을 하면 안 되냐고 눈물로 면담 요청을 했다. 이 파트너는 디자이너 선생님이 무서워서 그런 것이 아니라, 자신이 이 선생님과 시너지가 나지 않고, 팀워크가 없으며, 선생님과의 소통이 없으니 성장이 더딜 것이라는 것을 알고 있기 때문이다.

디자이너들은 잘 생각해봐야 한다. 파트너가 단순히 보조 역할 뿐인 건지에 대해….

대부분의 디자이너들은 파트너들을 매출 올리는 수단으로만 사용하고 있다. 그런 상황에 대해 나는 이런 이야기를 전해주고 싶다.

물건을 살 때 필요해서 사는 경우, 그리고 지독히 내 스타일이어서, 너무 맘에 들어서 가지고 싶어서 사는 경우. 뭐가 더 소중한가? 뭐에 더 돈을 많이 쓰는가? 당연히 후자이다. 사람은 생각보다 소비를 할 때 없으면 안 되기 때문에 사는 것이 아니라 가지고 싶어서, 감정적으로 소유하고 싶어서 사는 경우가 많다.

사람인지라, 사람을 대할 때도 비슷하다. 사람은 감정적으로 저 사람이 좋으면 저 사람이 하는 것을 돕고자 하고, 저 사람이 파는 것도 사고자 하고, 저 사람과 관련된 것은 긍정적으로 처리하는 경우가 많다.

하지만 감정적으로 저 사람이 싫으면 다 싫은 것이다. 이성적인 판단을 거의 못한다. 저 사람이 하라는 건 다 하기 싫고,

저 사람이 파는 건 더더욱 싫고….

그러므로 내가 프로라면, 진짜 디자이너로서 리더십 능력이 탁월한 프로가 되고 싶다면 매출만 생각하지 말고 어떤 리더십으로 어떻게 협력해서 우리 고객을 만족시킬 것인가에 대한 부분을 생각해볼 필요가 있다.

리더십을 키우기 위해 3가지 방법을 소개하겠다.

첫째, 피드백 데이를 만들어서 서로 피드백할 수 있게 하라. 이 날에 고객님이 어떠셨는지, 어떻게 대처했는지에 대해 나보다 직급이 낮다 할지라도 파트너의 피드백을 수용할 수 있다면, 그들은 나에게 좋은 영향을 받고 나를 따르고 싶어할 것이다.

둘째, 함께 목표설정을 하라. 단 2명이라도 우리가 이 고객을 위해서, 우리들의 고객을 위해 어떤 감동을 줄지 목표를 설정하고 계획을 짜봐야 한다.

셋째, 능률과 매출뿐 아니라 책 읽기나 동기부여 영상을 함께 보고 토론을 한다든지, 보다 더 좋은 서비스를 위한 서비스 개선을 하라.

넷째, 팀 스터디를 통해 메인 선생님은 메인 파트너의 기술을 향상시켜 줘라. 내 파트너가 나와 같은 기술을 가지고 있어야 고객이 만족할 수 있기 때문에, 메인 파트너가 실력이 부족한 부분이 있다면 적극적으로 연습시켜주고 기술 교육도

시켜줘야 한다.

시간적으로 손해라고 생각하는 디자이너가 있을지도 모르겠지만, 위의 네 가지 사항을 적극적으로 실천한다면, 파트너는 나와 함께 시너지를 내게 되고, 더 큰 성과로 보답해줄 것이다.

고객에게 컴플레인이 많은 디자이너, 실력보다 이것이 없을 확률 200%!

살롱을 운영하면서 디자이너 육성 프로그램을 실시하는데, 이상하게 기술이나 모든 면에서 우등생으로 졸업을 하고, 성실하고 완벽한 것 같은데 고객들이 컴플레인이 많고 고객과 친해지지 못 하는 디자이너들이 간혹 있다. 초보 경영인 시절에는 고객들이 이상한 걸까 생각하며 고민한 적이 있었는데, 경험이 쌓인 지금에서 와서 보니 그들에게 어려운 점이 있었다. 그것은 바로 '감정'이다.

사람은 매우 감정적이다. 사람이란 매우 감정적인 존재라고 느꼈던 것이 미용실 운영을 하면서부터이다. 너무 많은 사례들로 인해, 나는 사람의 감정을 케어할 수 있는 사람은 미용업에선 가장 큰 능력을 갖추고 있는 것이라고 생각한다.

1년 전, 나에게 고객님이 직접 컴플레인 전화를 걸어 온 적이 있었다.

사건은 이러했다. 〈217〉지점 어떤 디자이너에게 미용 서비스를 받았는데, 화가 나고 참을 수가 없어 연락했다는 것이다. 머리는 맘에 들었으나, 그의 목소리가 작아서 안 들렸으며, 나를 대하는 태도가 열정적이지 않았다는 것이다. 그 디자이너가 자기를 대하는 태도는 서비스 업종에 근무하면 안 될 것 같다고, 나에게 교육을 제대로 시켰냐고 연락을 준 것이다. 왜 계속 변명만 하는지 이해할 수 없다고, 그래서 대표원장에게 전화하였다는 것이다.

이런 전화를 받을 때마다 "나 역시도 괴롭고 힘들며, 내 무능력함 때문인 걸까 싶은 자괴감에 빠지는 동시에, 고객님께 제대로 교육하지 못한 점 진심으로 죄송하다. 〈217〉을 믿고 방문해주셨는데 실망을 끼쳐드려 나 또한 마음이 좋지 않다. 나에게 한 번 더 오시라. 다시 한번 오시면 헤어 서비스부터 어울리는 이미지 컨설팅까지 풀케어를 해드리겠다"라고 진심의 마음을 다하여 이야기해드리니 고객님은 그제서야 마음을 열어주시고, 며칠간 해결되지 않았던 감정의 깊은 골들이 눈 녹듯 사르르 해결되었다. 내가 대표원장이라서? 직급자가 말하니까? 그래서 고객의 마음이 녹았을 수도 있겠지만, 그게 이유의 전부는 아니다.

사람은 감정에 아주 많은 지배를 받는다. 따라서 고객님의 현재 불편한 마음, 어떤 것이 괴로웠는지를 알아주는 것이 중요하다. 많은 고객님들께서 실제로 어떤 대가를 바라서 컴플레인을 하는 것이 아니라 정말 속상하고 힘들어서 연락을 주시는 게 이유가 더 크다.

그럴 때 "그래서 원하는 게 뭔데요"라는 식의 해결에만 급급한 이야기보다는 고객님이 마음을 알아주고 감정을 위로하는 과정이 선행되어야 한다. "어떤 걸 더 해드릴까요?"가 아니라 고객님이 어떤 것 때문에 괴롭고 힘들었는지를 인정하며, 그 마음을 위로해 주는 것이 더 중요하기 때문이다.

고객은 미용실에 왔을 때 단순히 헤어를 맘에 드는 디자인으로 완성시키려고만 방문하지 않는다. 어떤 분은 정말 좋은 대우를 받고 싶어 오시는 분들도 계시고, 어떤 분들은 기분 전환을 하고 싶어서 오시는 분들도 계시며, 어떤 분들은 진짜 헤어스타일을 바꾸고 싶어서 오시는 분들도 계신다. 또 어떤 분들은 그저 머리를 잘라야 하니까 가서 샴푸 트리트먼트라도 시원하게 받고 싶다는 생각으로 오시는 분들도 계신다.

대부분 사람들은 여러 가지 감정과 이유로 매장에 방문해서 헤어스타일을 바꾸는데, 많은 디자이너들이 힘들어하는 것 중 하나가 "고객이 이렇게 해달라고 했어요. 저는 똑같이 해드렸는데 뭐가 문제죠? 씨(C)컬 해달라고 해서 진짜 손상도 하나도 없이 잘해드렸는데, 왜 저한테 이러시는 거예요. 진짜 억울해요."이다. 다시 한번 강조하지만, 고객은 헤어스타일만을 목적으로 샵에 방문하지 않는다. 뭐가 니즈인지 다시 처음부터 상담해보라.

많은 사람들을 상담해 보면, 고객의 니즈는 여러 가지가 있다. '지금 당장 내 얼굴이 너무 맘에 안 들어요, 너무 자존감이 무너졌어요, 얼굴 권태기가 왔어요, 사람들은 모르겠다고 하는데 요즘 내 얼굴이 최악인 것 같아요, 거울 볼 때마다 스트레스에요' 이렇게 생각하는 사람들도 있고, '곧 결혼식을 앞뒀는데 제일 예뻐야 해. 사진, 조명에도 예쁠 수 있는 디자인을 하고 싶어. 나에게 어울리는 게 뭔지 모르겠어. 헤어는 다 거기서 거기로 비슷한 것 같은데 나랑 진짜 잘 맞는 디자이너 선생님 찾아가지고, 그 선생님한테 오늘은 커트만 하지만 컬러부터 옷 입는 스타일까지 물어보고 와야지, 맘에 들면 자주 다니면서 예뻐져야지' 이렇게 생각하시는 분들도 많으시다.

그런데 디자이너 선생님이 요청받은 서비스만 딱 해주고 어떤 상담이나 디테일한 코칭 없이 "안녕히 가세요."라고 한다면? 너무 실망할 것이다. 니즈, 욕구 해결이 안 된 것이다.

고객과 상담할 때 이 고객이 진짜 헤어스타일만 서비스받으러 왔다고 생각하면 착각이다. 그 말 속에는 말로 표현되지 않은 고객의 숨은 욕구가 들어있다. 그게 뭔지 파악해야 한다. 그것을 모르니 디자이너는 고객이 사진 보여주고 해달라는 대로 정말 비슷하게 해줬는데 억울하다는 이야기가 나오는 것이다 따라서 나는 그 고객과 전화할 때 계속해서 사과만 하는 것이 아니라 사과드릴 것 정중히 사과하고, '다시 오시면 언제든지 이미지 변신을 시켜드리겠다. 앞으로도 고객님 스타일 찾기 어려우실 때 제가 뷰티 멘토로서 책임지고 도와드리겠다'라고 이야기한 것이다. 그랬더니 고객님께서 눈 녹듯 마음이 녹아 오히려 감사하다고 연락이 왔다.

사람은 감성적이다. 앞으로는 감성을 케어할 수 있는 사람, 사람의 마음을 잘 아는 사람, 불안한 이 시대 속에 사람의 마음을 따뜻하게 녹일 수 있는 사람, 사람의 불안함을 케어해줄 수 있는 사람, 이런 사람들이 진짜로 실력 있고, 경쟁력 있는 디자이너가 되고, 고객에게 오랫동안 사랑받는 디자이너가 될 것이다.

아울러 디자이너에게 필요한 감성을 키우는 저자의 방법을 함께 소개해 보겠다.

- 문학과 예술 감상 : 문학작품, 영화, 미술 등 예술을 감상하면서 다양한 감정을 이해하고 공감하는 연습을 할 수 있다. 하지만 보고 '좋다' 하고 끝내지 말고, '나라면 어땠을까?'하는 마음으로 감정을 깊숙이 들어다 보고 토론해 보는 것도 좋은 방법이다
- 다양한 사람들과 교류 : 혼자만 열심히 살다 보면 우물안 개구리처럼 갇히는 느낌이 든다. 그럴 때 나는 억지로라

도 밖에 나가 사람을 만나려 한다. 다양한 사람들과 교류하며, 각자의 경험과 감정을 공유하고 이해하려 노력하는 동시에 그들의 감정과 심리를 이해해보려 한다.

- 상상훈련: 이때 효과가 좋았던 방법 중 하나가 상상훈련이다. 내가 하고 싶은 것, 먹고 싶은 것, 계획한 것, 상대방이 원하는 삶, 우리가 원하는 삶, 인간이 추구하는 삶 등의 주제를 정하고 이것저것 상상해보는 것이다. 재밌는 일화를 만들어보기도 하고, 좋은 방향성으로 흘러갈 수 있도록 긍정적인 상상을 해보는 것을 좋아한다. 그러다 보면 행복한 기분이 들고 다른 사람들에게도 이 기분을 전하고 싶어지며, 심장 쪽에서 희열 같은 쫄깃한 긴장감이 '싹~' 돌면서 기분이 좋아진다. 신기하게도 이런 마음으로 고객과 대화를 하다 보면 그 긍정의 기운이 고객에게도 전달되는 것 같다.
- 입장 바꿔 상상하기 : 마지막으로는 입장 바꿔 다른 사람의 위치에 자신을 놓고 그들의 감정과 상황을 상상하며 연습하는 것도 감정 이해력을 향상시킬 수 있는 방법 중 하나이다.

〈217〉에서 연습시키는 것도 이와 일맥상통한다. 내가 가장 좋아하는 서비스가 무엇인지를 교육생들에게 종이에 적어보게 한다. 예컨대,

- 에스테틱에 가서 피부관리 받는 것
- 해외 여행 가서 수영을 하면서 맥주를 마시는 것
- 호캉스를 가서 룸서비스를 시켜 맛난 음식들을 먹는 것
- 네일샵에 가서 네일 아트를 받는 것

이렇게 다양하게 자신이 원하는 서비스를 적는다. 그리고 '그 서비스를 받으러 갈 때 직원이 어땠으면 좋겠나요?'를 적게 한다. 가령 '에스테틱에 갔을 땐 조용하고 꼼꼼하게 상담해주고 케어해줬으면 좋겠다' 등 자기 나름대로 원하는 서비스를 적도록 한다. 그리고 이게 고객의 마음이라며, 고객의 마음을 느끼는 연습을 시킨다. 그렇게 되면 미용실에 왔을 때 고객의 기분을 우리도 조금이나마 느껴볼 수 있다.

꼼꼼한 케어를 원하는 사람도 있을 테고, 친절한 상담을 원하는 사람도 있을 테고, 좋은 트렌디한 기술을 통해 예쁜 헤어를 완성시키고 싶은 사람도 있을 거고, 시원한 두피케어가 받고 싶을 사람도 있을 것이다.

뭐가 되었건 고객이 이 미용실에 왜 오셨는지, 어떤 니즈가 있는지 어떤 불편함이 있는지를 캐치하고, 더 나아가서는 고객이 지금 어떤 감정 상태인지, 어떻게 변화하고 싶은지 그 감정의 상태를 생각하고 상상하며 케어해야 한다.

지금까지 설명한 바와 같이, 고객에게 컴플레인이 많은 디

자이너 중에 더러는 실력이 없는 것이 아니라 감정 해석 능력이 부족할 확률이 높다. 이를 더욱 적극적으로 해결하고 싶은 디자이너라면 심리학 책을 많이 읽어보는 것도 추천한다. 그리고 반드시 배워야 한다. 현재의 부족함이 문제가 아니다. 부족함을 인정하고 연습하여 개선하는 것이 중요하다.

오너 못지 않게 〈217〉을 위해 뛸 인재가 있는가?

18살부터 미용을 하여 25살에 미용실 첫 오픈을 하여 어느덧 8년 차 경영을 해오는 중에 내가 가장 잘한 것은 〈217〉을 내 것이라고 생각하지 않는 마음가짐이다. 매장 1개를 운영할 때는 솔직히 어려운 부분도 많았지만 내 눈에 다 보이는 환경과 상황이 펼쳐지기에 관리와 경영이 그렇게 어렵게 느껴지지 않았다. 매장을 확장할까 분점을 오픈할까의 결정적인 고민에도 매장을 확장하면 내가 모두를 볼 수 있으니 운영하는 것에는 큰 어려움이 없을 것 같았고, 분점을 내면 내가 눈이 두 개가 되야 하기 때문에 이쪽 저쪽 관리하기 어려울 것이라는 생각이 들었다.

그럼에도 불구하고 매장 분점을 선택한 것은, 〈217〉은 나 혼자 경영하는 것이 아니므로 같이 이끌어줄 리더들이 필요했기 때문이다. 젊고, 나와 함께 파트너십을 맺어 열정적으로 함께 달려갈 인재 말이다. 그래서 그들을 내 밑의 직원으로만 두지 않고 〈217〉분점을 운영하며 나와 함께 뛰는 것을 끊임없이 상상했다. 살롱의 성장을 위해 오너만 이리저리 뛰는 게 아니라 훌륭한 인재들을 배출해내는 것이 앞으로의 지속가능한 성장을 할 수 있냐 없냐를 결정한다고 생각했기 때문이다. 훌륭한 리더를 배출해야만 그 인재들이 핵심 역할을 맡아 회사를 확장시키고 성공적으로 이끌어 갈 수 있다. 또한 그들은 계속해서 창의적인 아이디어를 내며 팀원들에게 동기부여를 해 줄 수 있다.

오너가 동기부여를 해 주면 당연히 '대표니까'라는 말이 나오지만, 직원들 속에서 성장한 훌륭한 인재들의 이야기에는 '나도 할 수 있어'라는 긍정의 동기부여를 받게 된다. 따라서 경영자가 직접적으로 협력해야 할 사람은 열정적으로 회사를 위해 뛰는 훌륭한 인재들이다. 그들과 한 팀이 되어 회사를 더 혁신적으로, 비전을 제시하는 모습으로 꾸려나가야 한다.

그 과정 속에서 다른 팀원들도 성과와 능률이 올라간다. 그들은 점점 리더십을 발전시켜 조직 내에서 리더로 성장하며 후배들을 육성하고 발전시키는 데 큰 기여를 한다.

〈217〉에서도 이런 열정적인 훌륭한 리더들이 배출되면 브랜드가 탄탄해지고 이미지도 강화되는 것을 볼 수 있다. 앞으로 경영자의 핵심 역량 중 하나는 오너 못지 않게 〈217〉을 위해 열정적으로 뛸 훌륭한 인재들을 많이 만들어내는 것이다.

경영을 한다는 것은 어찌 보면 나보다 실력 있는 인재들이 생길 수 있도록 내가 하나의 터전을 만드는 것 같다. 그 터전 안에 사람들이 마음껏 성장하고 행복을 누릴 수 있도록 전체 시스템을 만드는 능력이 있어야 한다.

〈217〉을 운영하면서 가장 많이 변화했던 것 중 하나가 나의 가치관이다. 처음에는 미용실을 오픈했을 때 좀 더 편하기 위해, 좀 더 나만의 느낌을 내기 위해 오픈했다면, 지금은 완전히 180도 달라졌다. 그날의 미숙했던 난 확실히 경영자는 아니었던 것 같다. 초보 경영인 3년 차 시절에는 치열하기만 한 이 시장이 매우 지치고 두려워서 포기하고 싶었던 때도 있었다. '왜 계속 경쟁해야 할까? 살아남기 위해 이렇게까지 치열하게 살아야할까?' 생각하며 경영하는 것을 다시 한번 고민해 본 시기가 있었다. 말 그대로 '적당히 할까'하는 생각으로 선택의 기로에 서 있었던 때였다. 그러나 경영하는 데 있어서 가장 중요한 핵심 키워드는 '지속성장'이라는 것을 깨달았다. 그리고 그 지속성장은 '훌륭한 인재를 배출'하는 것에 달려있다는 것을 깨닫게 되었다.

회사가 지속성장을 해야 하는 이유는 너무 명확했다.

1. 경쟁력 확보 : 비즈니스 환경은 항상 변화하고 경쟁이 치열하다. 특히 미용업계는 더더욱 새로운 경쟁자가 등장하고 기존 경쟁자가 성장하면서 경쟁에서 뒤처질 위험이 있다. 지속적인 성장은 경쟁력을 확보하고 경쟁자와의 격차를 좁히는 데 도움이 되므로 인재 양성에 집중해야 한다.
2. 자원확보 : 성장은 더 많은 자원을 확보하고 투자할 수 있는 기회를 제공한다. 우리에게 자원은 자본이 될 수도 있고 인력이 될 수 있다. 더 많은 자금, 인력, 기술, 시설 등을 얻어 미래 프로젝트를 지원하고 현재의 운영을 강화해야 한다.
3. 혁신과 개선 : 지속적인 성장은 혁신과 개선을 만들어낸다. 더 많은 자원과 역량을 투입하면 제품, 서비스, 프로세스 등을 더 나아지게 만들 수 있으며, 고객에게 더 나은 가치를 제공하게 되어 브랜드로 자리매김하게 된다.
4. 고객 확장 : 성장은 더 많은 고객을 유치하고 서비스할 수 있는 기회를 제공한다. 시장을 확장하고 고객 베이스를 키우면 수익이 증가하고 기업 가치가 상승할 수 있다.
5. 생존 : 시장에서 성장하지 않는 기업은 경쟁력을 잃고 생존에 어려움을 겪을 수 있고 직원들의 생계가 무너질

수 있는 부분이었다. 수년 전 이미 2호점이었었던 가로수길 신사점 매장을 한 번 정리해 본 적이 있었으므로 직원들이 한순간 갑자기 일자리를 잃고 함께 슬퍼했던 기억이 있었기에 나는 더더욱 성장에 집착하며 지속성장을 하리라 다짐했던 기억이 난다.

우리는 단순히 고객의 머리를 만지는 데에 그치지 않는다. 그 어떤 동네 구멍가게도 고객에게 줄 수 있는 가치와 그 지역사회에 기여하는 가치, 또 사회적 책임이 있다. 성장은 이러한 사회적 책임을 수행하는 데 필요한 자원을 확보하고 더 많은 영향을 미칠 수 있는 기회를 제공하기 때문에 우리는 끊임없이 성장해야 한다.

그렇다면 오너 못지 않게 훌륭한 인재를 발굴하기 위해선 어떤 프로젝트들을 실시해야 할까? 〈217〉에서 하는 스터디 및 교육을 안내해보도록 하겠다.

- 전문기술 및 역량 교육 : 매주 내부 교육으로 기술 강화를 하고 있으며 매달 유명한 강사들을 초청하여 새로운 트렌드 기술 교육을 받는다. 〈217〉에서는 기본적으로 배움은 끝이 없다는 마인드로, 알던 것도 배우고 모르던 것은 계속해서 배워서 역량을 강화하고 있다.
- 고객 컴플레인이나 실제 롤플레잉 교육 : 미용사이기 때

문에 기술 교육은 연습하면 나날이 발전하는데, 직원들이 어려움을 겪는 것 중 하나가 고객과 자유로운 대화를 잘 못 하겠다는 것이다. 따라서 주제를 정해 놓고 실제 고객과 대화하는 롤플레잉이나 문제가 생겼을 때 고객의 마음이 상하지 않도록 대화하는 롤플레잉을 스터디 시작에 서로 실습하며 연습한다. 또 이론적인 토론과 실제 시나리오를 활용한 문제 해결 워크샵을 개최하고, 문제 해결 프로세스 및 도구를 가르치는 것이 실질적으로 도움이 많이 된다.

- 창의성과 혁신 교육 : 〈217〉에서는 매년 워크숍을 가고 있고 체육대회나 땀을 흘리며 팀워크를 강화하는 것을 중요하게 여기고 있다. 팀워크가 생겨나면 창의성과 혁신적인 아이디어도 많이 생겨나기 때문에 능률과 매출에만 연연하는 것이 아니라 더 나아가서는 근본적인 교육들을 하려고 노력하고 있다.
- 상담 스킬 교육 : 사람의 얼굴형, 두상은 사람마다 천차만별 너무 다르기 때문에 〈217〉에서는 여러가지 얼굴형, 골격을 분석하고 어울리는 컬러나 펌을 추천하는 기반의 상담법을 가르치고 있다. 고로 직원들이 고객과 원활한 상담을 하고 고객과 유대관계를 더 좋게 하여 매장에 행복감을 느끼며 일을 할 수가 있다.
- 리더트레이닝 : 〈217〉에서 리더가 되고 싶은 사람들을

위한 교육인데, 리더십 교육을 함으로써 강의를 해보게 하고 강사 코칭을 하여 발음부터 원고 쓰는 법, 그리고 발표하는 법, 직원들을 관리하고 사람의 감정을 이해하는 법 등 다양한 리더십 교육을 실시하고 있다.

- 자기 관리, 마인드 교육 : 〈217〉의 핵심 교육 중 하나인 마인드 교육이다. 계획은 장황하더라도 뒷받침할 수 있는 나의 마인드, 멘탈이 안된다면 능률을 이끌어 낼 수가 없다. 자존감 교육, 뒷담화를 하면 팀워크가 무너지는 이유, 인성교육, 자기경영법, 시간관리법 등의 교육을 통해 스스로가 계획하고 실천하며 스스로 자기를 경영할 수 있는 마인드경영 교육을 실시함으로써 더더욱 직원들이 스스로 에너지를 낼 수 있는 환경을 만들어 주고 있다. 마인드 교육의 전후 효과는 엄청난 차이가 있으며, 코로나 시기에도 300배 성장을 시켜 준 비결은 바로 직원들 스스로가 자기경영을 하기 시작했다는 점에 있다.
- 사회적 책임 교육 : 이기적인 사람은 살롱에서는 치명적이다. 따라서 학교의 도덕 수업처럼 사회적인 윤리, 그리고 자기 책임 분담에 대하여 코칭한다. 이러한 교육 과정은 훌륭한 인재를 양성하고 전문적인 역량을 강화하는데 도움이 된다. 또한, 이러한 교육은 조직 내 지속 성장에 가장 큰 도움이 되었다.

매출 올리는 방법뿐 아니라 이런 교육들을 실시하고 진정성의 마음으로 직원과 소통할 때, 직원들은 '아, 나 여러 방면에서 정말 성장하고 있구나, 정말 잘 배우고 있구나.'하며 자존감이 올라간다. 자존감이 올라가는 것은 능률을 올려준다. 이러한 모든 과정들이 오너처럼 뛸 수 있게 직원들을 돕고 성장시키는 과정들이다.

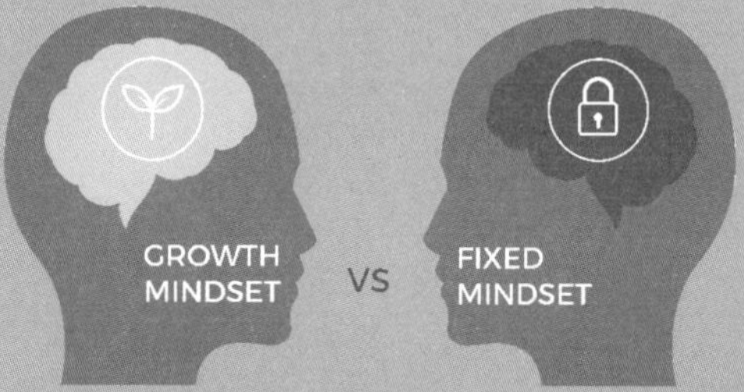
GROWTH
MINDSET
VS
FIXED
MINDSET

Chapter.3

민지 원장의 헤어샵 10배 성장 제안 :지금 당장!

지금 당장 비전 워크숍을 하라

〈217〉의 초기 2년은 말 그대로 이익과 매출만을 위한 브랜드였다. 이익만을 위해 달려가는 브랜드는 지속성장할 수 없고 세상이 원하는 브랜드가 아니라는 것을 깨닫기까지는 그렇게 오래 걸리지 않았다. 앞에서 언급했듯 경영의 가치관이 명확하지 않은 상태에서 무리해서 2호점을 준비했고, 1년 만에 매장을 접고 다시 새롭게 시작하여 지금은 벌써 그로부터 4년이란 시간이 흘렀다. 그사이 나는 수많은 경영 교육을 다니며 다시 처음부터 시작하였다. 내가 미용을 하는 이유는 뭔지, 내가 매장을 오픈하게 된 이유는 뭔지, 〈217〉이 어떤 가치를 줄 수 있는지, 우리 브랜드의 사명은 뭔지에 대한 개념을 처음부터 다시 세웠고, 이익 활동만을 넘어서서 경영을 제대로 시작해보기로 했다. 그러면서 〈217〉만의 정확한 비전과 사명 핵심가치가 생겼고, 그것을 어떻게 이루어 갈지 직원들과 함께 미래를 그리며 가고 있다. 그 체계를 만들어 준 것이 워크숍이다. 처음에는 직원들끼리 단합하며 놀다 오는 야유회 형태로 시작했는데, 점점 다 같이 모인 자리에서 우리의 비전을 이야기하고, 사명을 이야기하고, 어떻게 하면 '우리'스럽게 고객님께 좋은 서비스를 줄지 연구하다 보니 야유회만 즐기다가 끝이 나는 것이 아닌, 워크숍의 형태로 바뀌어 갔다. 우리는 1년에 한 번 워크숍을 진행하고, 새해가 시작되면 출정식을 진행하고 있다. 최근 워크숍에는 '미니 체육대회 - 시상식 - 각자 목표와 꿈에 대해 이야기하는 시간 - 바비큐 시간 - 수영과 게임'을 하는 일정의 단합 시간을 가졌다. 단순히 이익 활동만 한다면 이런 워크숍에 비용을 쓰는 것이 아까웠을 것 같다. 하지만 경영자는 조직을 효과적으로 운영하고 그들이 성장할 수 있도록 다양한 역할을 해내야 하므로 그들에게 동기부여, 책임감, 조직력, 팀워크를 느끼게 해줄 의무가 있다.

가장 먼저 워크숍을 진행하라고 제안한 것은 이러한 이유 때문이다.

조직의 팀워크 강화

〈217〉이 단순히 매출만 올리기 위해 모인 집단이었다면 이렇게 끈끈한 팀워크가 생겨나진 않았을 것이다. 〈217〉에서 추구하는 가치 중 하나가 팀워크, 협력이다. 따라서 서로 부족한 부분을 채워주고 각자의 강점을 존중해주며 더 극대화할 수 있는 방법을 연구하는데, 그중 하나가 서로 친해지고 서로 한 팀이라는 분위기를 주는 것이다. 이번 워크숍을 통하여 전 지점이 화합해 팀워크가 더 강화되었다.

리더십으로 인한 비전 수립

워크숍을 통해 비전을 수립하고 나면 한 해 동안 어떻게 달릴 건지, 어떻게 달려왔는지를 어느 정도 흐름을 파악할 수 있다. 직원들이 앞으로 가야 할 방향을 이 워크숍을 통해 느끼기도 한다. 비전을 세울 때는 개개인의 목표와 비전을 듣고 매장 전체의 목표와 방향성을 같이 설정하는 순서로 하는 것이 좋다. 여기서 핵심은 직원 개개인의 비전이 매장 전체의 비전이라는 것을 알려주는 것이 중요하다는 점이다.

동기 부여

미용을 하다가 보면 슬럼프가 찾아오거나, 계속해서 이 일을 지속할 힘이 부족하게 느껴질 때가 온다. 그럴 때 우리가 한팀이라는 것을 알려주며 우리가 앞으로 나아가야 할 방향성이 크다는 것을 보여주며, 함께 목표를 세울 때 다시 심장 뛰는 두근거림을 서로 느낄 수 있다. 우리는 같은 일을 계속

반복하는 와중에도 조금씩 성장을 하고 있기 때문에 그것을 누군가 제시하고 보여주지 않으면 알 수가 없다. 따라서 워크숍을 통하여 모두에게 동기부여를 느끼게 해줘야 한다. 특히나 전 직원이 모였을 때 보이지 않는 에너지가 많이 생기고 다른 직원들의 성공사례를 들음으로써 동기부여를 얻기도 한다. 특히 리더가 성공한 사례보다는 각 지점의 구성원 중에 성공사례가 나와서 이야기를 나눈다면 직원들이 더욱 더 동기부여를 얻게 된다. 따라서 이 자리에서는 직원들의 이야기를 다양하게 듣고, 스스로도 이야기하게끔 하는 것이 중요하다.

육체, 정신적 체력

이번에 워크숍을 통해 릴레이 계주도 하고 단체 줄넘기 등 체력을 기를 수 있는 미니 체육대회를 진행했는데, 다들 땀 뻘뻘 흘리고 체력적으로 엄청 힘들었을 텐데도 가장 좋았던 워크숍이라고 꼽았다. 땀 흘리고 단합을 위해 열심히 체력을 쓰다 보면 나도 모르게 도파민이 분비된다. 그로 인해 동기부여도, 희망도, 비전도 더 크게 느낄 수 있는 것이다. 처음에는 워크숍을 가기 싫어서 그만두고 싶다는 친구들도 몇 명 있었었는데, 지금은 단 한 명도 워크숍을 가기 싫다고 하는 직원들은 없었다. 다들 너무 행복한 시간이라는 피드백을 주고, 심지어는 언제 가냐면서 1년에 한 번의 워크숍을 손꼽아 기다리는 직원들도 생겼다. 능률을 올리는 일에는 꼭 숫자적인 것만 제시한다고 직원들이 동기부여를 느끼며 따라오는 것은 아니다. 직원들과 한마음 한뜻으로 방향성을 잡고 싶다면 지금 당장 비전 워크숍을 하라.

워크숍을 할 때 주의 사항

음주가무만 즐기다가 오는 워크숍이 아닌, 성장을 위한, 팀워크를 위한 주제가 확실한 워크숍을 진행하라. 함께 뭘 그려본다든지, 만들어본다든지, 전지나 4절지에 팀을 짜서 계획서를 꾸며 본다든지, 단합 대회를 한다든지, 함께 힘을 조금씩 모아서 할 수 있는 체험프로그램을 만들어라. 워크숍에서 게임을 진행하거나, 대회를 할 때 자칫 잘못하면 승부욕 때문에 감정 상하는 일이 생기고 본질이 흐려질 수 있으니 시작 전에 주의 사항이나 규칙 발표를 먼저 하고, 본질이 흐려지지 않도록 하라. 잊으면 안 된다. 워크숍의 목적은 성장, 그리고 팀워크이다.

직원들이 싫어하는 워크숍이 아닌 또 오고 싶은 워크숍을 만들어라. 제일 안타까운 것은 돈도 쓰고 투자도 많이 해서 워크숍을 진행하는데 직원들이 다들 싫어하고 다음에 가고 싶지 않다는 피드백을 들을 때이다. 이왕이면 직원들이 좋아하는 음식, 직원들이 좋아하는 숙소, 직원들 취향에 맞는 것을 어느 정도는 받아주고, 또 오고 싶은 워크숍이 되게 하라.

워크숍 때 우리의 방향성과 비전에 대해 이야기하라

이렇게 워크숍을 진행하고 나면 눈에 보이지 않아도 그들의 에너지, 그들의 열정, 회사를 향한 강렬한 마음이 한 군데로 꽉 모이는 것을 느낄 수 있다. 그들의 에너지는 곧 역량과 능률이 강화로 이어진다.

팀을 이뤄 큰 성과를 이루고 싶다면 오너 혼자 뛰기 이전에 먼저 워크숍을 진행하라.

시그니처만 잘 잡아도 지역 1등 미용사가 될 수 있다

〈217〉헤어살롱은 '펌 잘하는 곳'으로 유명해지기 시작했다. 매장을 오픈 하기 전 디자이너 생활 때 강남역 펌 전문 미용실에서 근무를 했었는데, 그때 당시 운영했던 블로그가 노출이 무척 잘 되기 시작하면서 많은 펌 고객님이 생겼다. 그때 다져진 펌 노하우와 블로그, 인스타를 그대로 가져와 강남에서 "월 200명씩 펌 전문 디자이너 목포에 오픈하다"라는 슬로건을 걸고 오픈했었다. 오픈하자마자 인스타를 보시고 엄청 많은 고객님들이 몰려와서 자리가 없어 의자를 어디서 구해와서 대기하시는 고객님들을 앉혀드릴 정도였다. 이처럼 '우리 매장은 ○○가 유명해, 우리 매장에서는 ○○을 많이 해. 우리는 ○○를 잘해' 이런 상품들을 '시그니처'라고 한다.

시그니처를 만든다는 것은 단순히 제일 잘하는 것을 노출하기 위함이 아니다. 시그니처의 목적은 다음과 같다.

첫째, 고객에게 인지되기 위함이다. 전국 강의를 다니다 보면 나는 다 알려주고 싶어서 여러가지 말을 하면, 막상 사람들은 한 가지도 제대로 기억하지 못하는 것을 볼 수 있었다. 하지만 기승전결 같은 맥락으로 말하고 싶은 한 문장을 계속해서 보충하듯 강의를 하면 다 끝나고 난 후 내가 전하고자 하는 메시지인 단 한 문장을 기억해주는 사례들을 많이 볼 수 있었다.

이처럼 사람의 뇌는 다양성을 모두 기억하지는 못한다. 따라서 고객에게 "우리 이것 잘해요"라고 보여줄 수 있는 시그니처 하나를 선택하여 홍보하기 시작한 것이다. '굉장히 세련된 헤어스타일', '한 듯 안 한 듯 자연스러운 고데기펌', '얼굴에 맞춘 헤어성형펌' 이런 키워드들로 목포에서 펌 잘하는 곳으로 소문나기 시작했다. 이처럼 인지되는 것이 너무 중요한 브랜딩 기술 중 하나이다.

둘째, 고객충성도를 높이기 위함이다. 고객은 자신들의 필요를 충족시켜주는 제품에 충성을 보이는 경향이 있다. 이 지역을 분석한 결과 화려한 디자인의 컬러보다는 손질 편한 펌 스타일, 한 듯 안 한 듯한 고데기 스타일의 검색을 압도적으로 많이 했다. 이렇게 타깃 상품은 특정 고객 그룹에게 맞춤

형으로 제공되기 때문에 이 니즈를 가지고 계신 고객들이 선호하고, 충성도를 보이게 된다.

셋째, 다른 경쟁 업체와의 차별화를 가져올 수 있다. 독점성을 향상시키고 경쟁 우위를 확보하는 데 도움이 되기 때문에 이것저것 다 잘하는 곳이 아닌, 우리만의 스타일, 우리만의 독창성을 구축하게 한다. 따라서 고객이 가장 선호하는 것으로 우리의 디자인을 함께 배우고 연습하며 공유하는 것이다.

넷째, 효율성이 탁월해진다. 특정 고객들을 대상으로 타깃 고객이 명확하게 설정되어있기 때문에 그들에게 마케팅, 판매, 제조 등의 비즈니스 프로세스가 효율적으로 최적화되고 비용 절감과 시간 단축에 탁월함을 줄 수 있다. 특히 시간적으로도 굉장히 절약된다. 실제로 펌 전문 미용실인 우리 〈217〉헤어살롱은 펌 시술이 다른 매장에 비해 굉장히 짧은 시간에 마무리된다. 매일 한정적으로 예약을 받을 수밖에 없는 미용직종에서 한가지로 유명해지면 시술목록이 다양한 게 아니라 대부분 펌 위주로 잡히기 때문에 보다 더 수월하게 작업할 수 있다.

다섯째, 디자이너의 경쟁력, 능률이 향상된다. 시그니처를 설정해주면 유명한 디자이너에게만 헤어를 하려고 하는 것이 아니라 '이 기장의 전문가', '이 스타일의 전문가'를 찾기 때문에 디자이너들에게도 각각의 시그니처를 설정해주어 자신이 잘하고 전문적인 시술을 고객들에게 추천할 수 있다. 그렇게 되면 디자이너들의 경쟁력, 능률도 향상된다.

이러한 방법으로 〈217〉은 오랫동안 운영해온 결과, 대부분 개인 매출 1,000만 원 이하로 떨어지는 경우가 없다. 코로나 팬데믹으로 인한 불경기에도 우리는 매출 3배 성장을 이뤘으며, 지금은 배로 매출이 오르고 있다. 그리고 이 모든 것은 우리만의 브랜딩을 완성하고 있었기 때문이다.

우리가 음식점을 차린다고 가정하면, 어떤 음식점을 차릴 건지 한 번 더 점검하는 것이 중요하다. 떡볶이집을 차릴 건지, 돈가스집을 차릴 건지, 아니면 차라리 김밥천국 콘셉트으로 차릴 건지…. 이처럼 고객들에게 인식시킬 수 있는 우리만의 강점을 활용하여 시그니처를 잡고 계속해서 브랜딩을 해나가면 지역 1등 미용실이 될 수 있다.

우리는 이 지역의 미용학원, 뷰티 사옥 등을 설립하여 뷰티의 꿈을 실현하고자 성장에 목말라 간절한 이들에게 배움의 공간을 만들어 주고 싶고, 예뻐지고 싶은 고객들에게 아름다움을, 행복해지고 싶은 분들에게 힐링할 수 있는 공간들을 만들어 주고 싶다.

시그니처 셋팅법은 간단하다.

- 6개월간 가장 많이 했던 성별, 가장 많은 매출을 가져다

준 시술을 파악하기

- 내가 어떤 것을 가장 잘하고 좋아하는지 파악하기
- 그것을 시그니처로 정해 놓고 인스타, 네이버, 블로그 어디든 왜 우리가 전문인지를 콘텐츠로 만들어 꾸준히 홍보하기
- 고객의 후기 모으기 (뭐가 달랐는지, 뭐가 좋았는지)
- 고객의 소리에 귀 기울여 불편한 점 수시로 체크 후 개선하기

이렇게 하다 보면 지역에서 그 시그니처만큼은 1등이 될 수 있다.

중요한 건 고객과의 꾸준한 소통이다. 〈217〉에도 펌 시그니처로 13만 명이 다녀가셨다. 여러가지를 다 잘하는 것도 좋지만, 시그니처를 잡음으로써 고객에게 인지되고 계속해서 찾을 수 있는 브랜드가 되어야 한다.

7년간 가장 많은 수익 구조를 만들어 준 인스타그램 셋팅법

매장을 오픈하기 전부터 인스타로 셀프 헤어 교육 등으로 고객들과 소통하는 활동을 많이 해왔었다 그로 인해 매장을 오픈하자마자 고객들이 나의 인스타를 보고 오픈 소식을 알 수 있었고, 저절로 홍보가 되어 많은 고객들이 방문해주실 수 있게 되었다.

7년간 인스타에 1일 1피드를 꾸준하게 하였는데, 지금 생각해보면 인스타는 단지 내가 헤어를 얼마나 잘하는지를 보여주는 포트폴리오 장이나 홍보의 장이 아니라, 고객을 맞이하는 온라인 지점이라고 생각된다. 많은 미용인들이 어떻게 하면 그렇게 꾸준하게 인스타를 하는지, 어떻게 하면 미용 인스타를 성공시킬 수 있는지 질문을 한다. 내 인스타의 조회

수가 대단히 많이 나오는 것도 아니고, 인스타로 엄청 많은 수익을 올리는 것은 아니지만, 내 인스타를 보는 고객들에게 7년 이상 한결같이 꾸준하게 소통해왔다는 점, 그게 가장 중요했다고 답변드리고 싶다.

나는 아직도 7년간 내 사진에 글을 남겨주는 이들에게 일일이 댓글을 하나씩 모두 달아주고 있다. 그들이 궁금하다고 디엠 요청을 하면 너무 무례한 질문이 아닌 선에서는 모든 것에 답변을 해주고 있고, 답변을 못 할 시엔 그 질문을 콘텐츠로 만들어서 모든 사람들이 볼 수 있도록 영상을 제공하고 있다. 또한 어떻게 내가 인스타를 통해 고객을 창출하고 소통하며 매장을 일궈오는지를 사례를 들어 생생하게, 내가 겪어온 모든 과정들을 숨김없이, 부끄러움 없이 공개하며, 말 그대로 날것의 경험들을 실시간으로 매일 공유 중이다. 이런 솔직 담백한 모습들을 구독자들이 좋아해 주시는 것 같다.

보통은 창피하고 부끄러운 일들, 내가 부족하거나 못난 일들은 인스타에 올리지 않는다. 자신이 행복한 모습, 잘된 모습만 올리는데, 난 그와 달리 어떤 것 때문에 힘들었고, 그것을 어떻게 이겨내고 있는지 등 생생한 날것의 경험들을 공유한다. 이처럼 인스타는 단지 홍보용이 되어서는 안 된다. 소통의 장이 되어야 한다.

인스타 안에 꼭 들어 있어야 할 정보

- 내가 누군지 : 나라는 사람이 누구인지 콘텐츠들 게시물을 보면서 구독자들이 파악할 수 있어야 한다. 내가 누군지를 보여줘야 한다. 거짓, 가식의 내 모습이 아니라, 내가 ○○○브랜드의 대표인지, 실장인지, 내가 헤어하는 사람인지, 내가 워킹맘인지, 내가 뭐 하는 사람인지를 보여줘라. 그리고 그것을 솔직하게 공유하라. 사람들은 '저 사람이 무슨 생각하지?', '저 사람이 어떤 사람인지?'를 알 때 친밀감을 느끼고 신뢰를 하게 된다. 그렇지 않는가? 친해지고 싶은 사람이 있다는 가정하에, 그 사람의 속내를 알 수 없고, 어떤 사람인지 알 수가 없다면 친해질 수 없을 것이고 신뢰할 수 없을 것이다. 따라서 내 이야기를 하기 부끄럽다고만 생각하지 말고 나를 드러내라. 내가 누군지 보여줘야 한다.
- 나는 뭐하는 사람인지, 앞으로 이곳에서 어떤 이야기를 하게 될 것인지 : "나는 6개 미용실을 경영하는 사람이고, 나는 앞으로 경영 이야기를 할 거야, 솔직하고 담백하게 이야기할 거야, 그런 것을 이야기하면서 우리 함께 성장하자."라고 나는 인스타의 모든 콘텐츠에 이러한 메시지를 담고 있다. 이것들 구독자들도 느낀다면 내 마케팅은 성공인 것이다. 내가 이 공간에서 어떤 이야기를 하게 될 건지에 대해 이야기하라. 콘텐츠 안에 녹여서 메시

지를 전달하라.

- 내 구독자가 궁금한 점 해결, 내 구독자의 결핍, 고민 들어주기 : 내 말만 하고 끝나면 안 된다. 그들이 어떤 니즈가 있는지, 어떤 점이 점점 나에게 궁금해지는지를 귀 기울여야 한다. 소개팅을 나갔다가 처음에는 상대에게 관심이 없었는데, 그 사람이 이야기하는 것을 쭉 들어보니까 신뢰가 생기고 관심이 가면서 궁금증이 드는 경우를 경험한 적이 있지 않은가? 인스타를 통해 쭉 내 이야기를 하다가 보면 나에 대해, 그리고 이 콘텐츠에 대해 궁금해하는 사람들이 생길 것이다. 그러면 그들의 궁금증을 해결해줘야 한다. 그 궁금증을 답변을 통해 해결해줄 수도 있고, 콘텐츠를 제작해서 해결해줄 수도 있다. 이렇게 질문과 답변을 주고받으면 상호작용, 소통이 형성되고 그들은 찐 구독팬이 되는 것이다.
- 나와 계속 이런 소통을 하면 좋은 점 어필하기 : 내가 25살에 아무것도 모를 때부터 매장을 오픈하여 온몸으로 부딪히며 시행착오를 겪었던 사례들, 이야기들을 공유하며, 이제 시작하는 사람들에게 먼저 가본 길에서 겪은 사례들을 간접적으로라도 들을 수 있게 하는 것이다. 성장하는 데 있어 필요한 요소들을 알 수 있게 하고, 뷰티 사업을 이것저것 해보다가 실패 또한 경험을 통한 깨달음을 공유할 수 있다. 이를 통해 다른 이들에겐 무모한 실

패를 줄여줄 수 있도록 내용을 공유해주는 것, 이 모든 것이 구독자들을 성장으로 연결시켜 줄 수 있다. 매장을 운영하는 사람들에게는 경영의 찐 사례와 정보들을, 헤어디자이너로 근무하는 이들에게는 매출 올리는 방법 및 고객과의 소통법에 대해서, 파트너들에게는 어떻게 고충을 해결하고 멘탈 관리를 잘하며 인간관계를 좋게 해 디자이너 과정을 무사히 마칠 수 있는지에 대한 배움을 얻게 한다. 이처럼 그들에게 도움이 되고 좋은 점을 어필해야 끊임없이 관계성을 맺을 수 있고 팔로우를 해서 꾸준한 소통을 이어갈 수 있다. 특히나 온라인에서는 스쳐 지나가는 인연처럼 한번 보고 말 사람이라 생각하여 가벼이 여길 수가 있는데, 한 사람 한 사람 스쳐 지나가는 사람들이라 생각하지 말고 내게 소중한 인연이라 생각하며 계속해서 소통할 것을 강조하며 관계성을 맺어 나간다.

인스타를 잘 키우는 방법

여기에서 말하고자 하는 바는 '알고리즘이 어떻고', '팔로우는 어떻게 늘리며', '좋아요'는 어떻게 늘리는 등의 기술적인 부분에 대한 솔루션이 아니다. 물론 이런 방법들도 어느 정도는 존재하겠지만, (이것은 내 전자책이나 인스타를 통해서 간간이 소식을 올려주니 그곳에서 확인하길 바란다) 궁극적으로 인스타는 사람과 사람이 만나는 장소이다. 따라서 〈217〉에서는 온라인점이라고 분류하고 여기서 광고만 하는 것이 아니라 매장에 방문해준 고객님들을 맞이하듯 "어서오세요~, 저는 〈217〉 대표원장 김민지입니다. 그간 잘 지내셨어요? 요즘 고민이 뭐예요? 그쵸, 저도 고민이예요, 그것에 대해 제 경험은 이런 것들이 있어요. 조금이나마 도움이 되길 바랄게요. 함께 성장해요" 등의 메시지를 줄 수 있어야 한다.

매장에서도 고객님이 오면 접객하고, 안내하고, 안부 묻고, 상담하고, 예쁜 헤어스타일을 선물로 주듯이 온라인 지점에서도 접객부터 상담, 소통이 다 이뤄져야 한다. 이것을 모르고 만날 똑같은 사진들, 똑같은 헤어스타일들만 올리고, 헤어스타일이 어떤 디자인인지만 (ex: 레이어드컷) '띡' 올리니까 자신의 인스타를 보는 사람이 많지 않게 되는 것이다. 지금은 경쟁이 너무나도 치열한 시대이며 뭘 해도 광고가 많은 시대이다. 따라서 본질적인 것에 집중해야 한다.

- 진짜 사람들에게 인기 있는 것
- 진짜 사람들이 궁금한 것
- 진짜 사람들이 고민인 것
- 진짜 사람들이 필요로 하는 것

이런 것을 생각하며 사람과 이야기하고 소통하고, 그것으로 인해 성장하며, 어떤 꼼수도 없이(남과 비교할 필요도 없고 '좋아요'가 적더라도, 팔로우 수가 없더라도) 하나하나 내 이야기를 하면서 시작하자. 그게 오래오래 지속할 수 있는 방법이고, 찐 친구들을 사귈 수 있는 방법이고, 그 찐친들은 내 고객이 되기도, 내 친구가 되기도 한다. 그들이 나의 인연이 되어 줄 것이다.

사업을 하며 가장 좋은 친구이자, 가장 좋은 사업 파트너는 인스타그램이었다. 인스타그램을 통해 제품도 판매하여 수익을 올릴 수 있었고, 매장 브랜딩하는 모습들을 공유하여 교육을 할 수도 있었으며, 매장을 확장할 때마다 사람들에게 알릴 수 있게 해준 것이 인스타였다. 앞으로도 다양한 사람과 꼭 오프라인에서 만나기만 할 것이 아니라 언제 어디서든 수시로 만날 수 있게 해주는 것이 SNS이기 때문에 미용실을 운영하는 리더들에게는 인스타그램은 필수라고 할 수 있다.

고객을 만족시키고 충성고객으로 만드는 10가지 노하우

브랜드를 사랑하고 싶게끔 만드는 가장 중요한 조건은 '고객 중심' 살롱을 만드는 것이다. 사람의 치명적인 단점 중 하나가 익숙해지면 소홀해진다는 것이다. 처음에 헤어디자이너가 되면 바르르 떨면서 '고객이 불편한 점을 없을까? 고객 만족 못 시키면 어떻게 하지? 나 같은 초보 디자이너를 뭘 보고 예약을 주셨을까? 감사하다. 정말 열심히 해서 고객님 만족시켜 드려야지' 하고 하루종일 고객 옆을 지키며 고객이 만족할 때까지 정성을 다하는 모습을 볼 수 있다. 하지만 시간이 지나고 실력이 붙으면 초보 때의 그 초심을 언제 그랬냐는 듯 잊어버리고 디자이너 중심으로 고객을 대하기 시작한다. 예약시간도 내 시간에 맞춰서 받으려고 하고, 내가 일하다가 추우면 고객이 어떤지를 파악하지도 않고 에어컨을 꺼버린다든지, 고객의 장에 내 물건을 가득 넣어둔다든지, 고객이 서비스를 받아야 하는 공간에 내 잡동사니들이 점점 많아지고, 고객 위주의 살롱이 아닌, 직원 위주의 살롱으로 변해가는 것이다.

가장 중요한 것은, 내 위주로 고객을 만나려고 할 때마다 스스로 되새김 해야 한다는 점이다. 우리는 고객을 위해 존재하고, 고객이 좋아하는 기술, 고객이 원하는 서비스를 해야 한다고 끊임없이 다짐하고, 고객 중심에 맞춰 행동해야 한다.

고객 중심, 고객에게 사랑받는 살롱이 되기 위해서는 다음의 몇 가지가 필요하다.

1. 고객 인식 : 고객의 다양한 Needs-Wants를 조사하기

고객들이 어떤 스타일, 미용 제품, 서비스를 원하는지 파악하고 그에 맞게 제품 및 서비스를 제공하기 위해 매월 혹은 매주 구성원들과 모여 회의를 진행하여 실행할 것. 특히 〈217〉에서는 고객 고민 리스트를 작성하게 하는데 〈217〉고객들의 결핍 노트를 작성하는 것이다.

어떤 게 고민이어서 매장 방문하셨을까? 미용실 오기 전, 어떤 게 두려울까? 〈217〉 고객들이 불안하고 고민인 100가지를 각각 작성하게 한다. 작성만 해봐도 고객이 어떤 니즈로 방문하였는지 개개인의 디자이너들이 파악이 가능하다. 파트너들에게도 똑같은 과제를 준다. 디자이너든 파트너든 먼저 고객이 어떤 고민과 결핍이 있는지를 알아야 고객 만족에 가깝게 다가갈 수 있다. 이 단계를 고객을 알아가기 위해 노력하는 단계라 표현한다.

2. 개인맞춤 서비스

고객마다 다른 요구사항이 있으므로 개인 맞춤 서비스를 제공해야 한다.스타일링 조언, 헤어 케어 권장 사항 등을 포함한 맞춤 서비스를 제공해 고객들에게 최상의 경험을 제공하라.

보통 이 펌은 이렇게, 이 염색약은 이 숫자 안에 사용하기, 클리닉제는 이 용량만 사용하기, 이렇게 어느 정도 정해 놓고 매장을 운영하는데, 사실 악성 곱슬, 숱 부자 고객님들이 방문해 주시면 정해 놓은 클리닉 그램 수대로 사용할 수가 없다. 규칙대로만 사용한다면 숱 많은 사람은 반쪽만 제대로 케어를 받고 반쪽은 정해둔 용량이 부족하여 사용할 수 없게 된다. 제품을 낭비하는 것은 안되겠지만, 〈217〉의 목표는 모든 고객에게 개개인 맞춤, 만족과 효과를 보고 가게 하는 것이기 때문에 이런 것을 교육할 때 고객에게 맞춤 서비스하도록 한다. 따라서 고객들은 맞춤 케어를 잘해준다는 피드백이 많고, 어떤 상황이 와도 고객님 개개인에게 맞는 퍼스널 헤어를 추천해 준다는 피드백이 많다.

3. 피드백 수용

고객들의 의견과 피드백, 네이버 리뷰 등을 가벼이 넘기지 말고 주의 깊게 듣고, 모든 고객에게 리뷰 답장을 하는 것을 원칙으로 삼고 있다. 리뷰나 고객 피드백, 컴플레인은 그날 바로 응대를 하고, 고객이 불편한 것은 묻지도 따지지도 않고 해결하고자 노력한다. 이것을 철칙으로 삼고 교육하고 있으며, 변명하지 않는다. 고객의 피드백을 개선점으로 활용하라. 만약 불만 사항이 있다면 신속하게 대응하고 문제를 해결하는 것이 가장 좋은 서비스이다. 고객을 100명 만족시켜도 1명의 불만족을 무시하고 가벼이 넘기면 1년 후, 3년 후 우리 브랜드에 치명타로 다가올 것이다. 한 명의 고객도 대충 소홀하게 대하면 안 된다.

고객은 불편함을 이야기했을 땐 싫어서 영영 안 오시려고 하는 경우보다는 그것만 개선해주면 계속 다닐 의향이 있다고 인식해야 하는 경우가 많다. 한번은 〈217〉에서 헤어 서비스를 받다가 디자이너 실수로 모발이 손상된 고객님이 계셨다. 진심으로 너무 죄송했고, 1년 가까운 시간 동안 정성스레 케어해 드렸으며, 오히려 지금은 단골 고객이 되어 늘 〈217〉과 함께해주고 계신다.

실수는 빠르게 인정하고, 사과한 뒤 더 나은 모습으로 나아가기 위해 노력해야 한다. 억울한 상황이 생겨도 혹시 그 안에 내가 부족해서 실수한 건 없었는지를 객관화해서 볼 필요가 있다.

4. 예약 및 대기 시간 최소화

고객들의 시간을 중요하게 생각하고, 예약 프로세스를 효율적으로 관리하여 대기 시간을 최소화해야 한다. 특히나 살롱에 예약을 하는 경우가 많은데, 내 실력이 부족해서 펌 시간이 너무 길어지거나 다른 고객님들이 이리 갔다 저리 갔다를 반복하여 너무 길어지는 시간이 많으면 고객은 다시 우리 살롱에 방문할 이유가 없어진다. 특히 〈217〉에서는 펌이나, 커트 시간을 시간 안에 끝내는 것을 항상 시험 보고 중요하게 생각하는데, 아무리 기술이 뛰어나다 하더라도 손이 너무 느려서 펌을 4~5시간 하게 되면 고객의 시간도 돈인데 오히려 고객은 돈도 쓰고, 시간도 쓰면서 더 많은 돈을 지불하고 헤어 서비스를 받는 것과 마찬가지이다. 내 실력이 부족하여 고객을 기다리거나 방치하면 안된다. 그러므로 〈217〉에서도 승급시험 조건으로 시간 안에 헤어디자인을 완성하는 항목이 있다. 시간 안에 못 하면 아무리 잘 완성했다 하더라도 미완성이다.

5. 학습 및 교육

미용실 직원을 고객 서비스 및 커뮤니케이션 기술에 대해 교육하고, 고객들과 상호작용할 때 고객 중심 접근법을 적용하도록 끊임없이 교육해야 한다. 매장을 8년 차 운영하다 보니 '한 번 말하면 모두 알아듣고 성장하겠지'라고 생각했지만, 그렇지 않다. 계속해서 고객 중심으로 접근하자고, 우리가 고객 때문에 있는 거라고 이야기를 강조하지 않으면 사 람은 원래 습성으로 돌아가려고 하기 때문에 어느 순간 또 직원 중심의 매장이 되돌아간다. 따라서 매주 교육, 매월 교육에서 부족한 부분이 발견되면 수시로 교육을 진행하며 고객 만나기를 늘 긴장하며 설레는 마음으로 하기 위해 노력해야 한다. 〈217〉은 교육 지옥이라는 말을 누군가 붙여줬는데, 교육이 많은 건 인정하나 사람은 끊임없이 배워야 한다. 특히 트렌드가 빠른 이 미용업계에서 교육하기를, 교육받기를 귀찮아한다면 미용산업에서는 성장할 수 없다.

6. 청소

직원 중심의 매장이 아닌, 고객 중심의 매장이 될 수 있도록 계속해서, 고객을 위한 공간을 차지한 쓸데없는 물건을 빼내는 작업을 해야 한다. 어느 순간 직원들의 물건이 많아지지 않는지 점검하고, 고객님이 받아야 할 서비스 공간에 직원들의 흔적, 직원들의 물건이 놓여져 있지 않도록 계속해서 정리해야 한다. 직원들의 물건은 직원실에만 있게 해야 한다. 고객의 눈으로 필요 없어 보이는 물건들은 아깝다 생각하지 말고 계속해서 버리고 청결을 유지해야 한다. 매장을 운영하다 보면 늘 익숙해져서 나도 모르게 더러워져 있을 수 있는데, 더러워진 채로 시간이 오래되게 되면 더러운 것도 인지하지 못하는 상태가 된다. 매장 1년 차엔 당연히 깨끗하겠지만, 매장이 7~8년이 되어가면 정말 헐어서, 닳아서 우리 눈엔 익숙한 그것들이 신규 고객님이 왔을 땐 너무 지저분하고 낡게 느껴질 수 있는 것들이 굉장히 많다. 그러므로 수시로 새로 샵에 방문한 사람의 눈처럼 예리하게 관찰하고, 더럽고 낡은 것은 새로 오시는 고객, 늘 찾아주시는 고객들을 위해서 청결하게 하고, 새롭게 하자.

7. 로열티 프로그램

로컬 매장은 지역 상권이라서 평생 단골을 확보해야 한다. 신규 창출만 하려 하면 안 되고 꾸준히 방문해 줄 수 있는 고객님들에게 좋은 이미지를 만들어 이탈이 있게 하면 안 된다. 로컬 살롱에서 하면 좋을 프로그램을 로열티프로그램으로 만들면 좋다.

〈217〉은 스파와 펌 전문 살롱이다. 스파 로열티프로그램을 도입하여 VIP 케어 고객들에게 할인, 특별 혜택 등을 제공하고, 충성도를 높이는 방법을 사용하고 있다. 펌을 하게 되면 화학 시술이다 보니 굉장히 모발 데미지가 심각하고 두피에도 무리가 오기 때문에 예민해지거나 기름이 많게 되는 지루성 두피, 더 심한 경우에는 지루성 탈모까지 이어지게 된다. 따라서 〈217〉에서는 펌을 받으시면서 스파나 모발 케어를 하는 것을 상담 원칙으로 삼고 있는데, 잦은 시술로 인한 두피 케어와 모발 복구 케어를 위함이다. 케어권으로 5회권, 10회권, 스파권으로는 많게는 40회권까지도 고객들이 많이 결제하고 계신다. 목포지역에서는 독보적으로 사용하고 있는 프로그램이다. 어떤 미용실에서 두피케어 40회를 미리 결제하고 매주 혹은 2주에 한 번씩 관리하러 오시겠는가. 〈217〉에서는 이러한 문화들이 활발히 이용되고 있다. 40회를 결제하신 고객들에게는 키핑 프로그램으로 50% 할인 혜택이 주어지기 때문이다. 이런 두피스파 권을 이용하시는 고객님들은 1년을 꾸준히 방문하시면서 매장과 가까워지게 되고 충성고객, 평생 고객이 될 확률이 높아진다.

충성고객들을 대상으로 특별 이벤트나 프로모션도 개최할 수 있다. 이런 문화들로 고객은 브랜드를 더 사랑하게 된다. 〈217〉의 핵심가치대로 건강한 아름다움을 드리기 위해 화학 시술뿐만 아닌 관리의 영역에서 고객들에게 충분한 휴식을 주는 것이다. 각 매장마다의 특별한 프로모션을 사용해보자. 주의점은 우리 매장 색깔과 같은 계열의 특별 이벤트여야 한다.

8. SNS, 소셜미디어 활용

고객들과 미용실을 연결하는 효과적인 방법으로 소셜미

디어를 활용하라. 미용 결과물을 게시하고, 미용 관련 정보와 팁을 제공하여 고객들과 소통하면 언제 어디서든 고객과 소통, 교류를 할 수 있다. 더 많이 가까워질 수 있다. <217>에서는 펌을 하고 가신 고객들을 위한 펌 말리는 방법, 셀프 손질 방법 등에 대한 콘텐츠들을 찍어서 인스타에 올려두기도 하고, 고객들이 꼭 미용실에 방문하지 않아도 SNS계정 통하여 궁금한 콘텐츠를 볼 수 있도록 고객을 위해 온라인상에 콘텐츠를 올려둔다. 이렇게 하면 매장에서만 고객을 만나는 것이 아니라 평소에도 고객이 아름다울 수 있도록 온라인상으로도 끊임없이 정보를 줄 수 있다.

9. 고객만족 조사

정기적인 고객 만족 조사를 실시하여 고객들의 만족도와 의견을 파악하고, 이를 개선에 활용하라. <217>에서는 SNS를 통하여 설문 조사를 하는 편이다. 이번 달은 무슨 이벤트를 할지, 지난번 어떤 이벤트가 맘에 들었는지, 어떤 게 개선되면 좋겠는지 SNS를 통하여 고객들의 속마음을 설문 조사를 하거나, 직접 오셨을 때 조사를 해서 기록해뒀다가 시스템을 만들어내기도 하며 고객의 의견을 적극적으로 반영한다.

10. 가격투명성

가격을 투명하게 표시하고, 고객들에게 높은 가치를 제공한다고 홍보하라. 숨은 요금은 피해야 한다. 이게 가장 중요한 부분 중 하나이다. 이러한 접근 방법을 통해 미용실은 고객 중심 브랜드로 자리 잡을 수 있고, 고객들이 브랜드를 사랑하게 될 가능성을 높일 수 있다. 이렇게 고객 중심으로 살롱을 경영하다 보면 고객들의 니즈를 더 파악할 수 있고, 계속해서 성장을 할 수 있는 살롱이 된다. 직원이 편한 시스템을 구축하는 것이 아닌, 고객 중심의 시스템을 탄탄하게 구축해나가는 것이 핵심이다. 고객과의 긴밀한 소통을 통해 고객에게 사랑받는 브랜드로 자리매김하게 된다.

비수기에도 성장은 계속된다!

: 케어

미용업계에서는 매장마다 다르겠지만 대부분 7·8월 여름 휴가 기간이 극 성수기로 고객들이 가장 헤어 스타일의 변화를 많이 주는 시기이고, 9월은 조금 조용했다가 명절 당일부터 그 이후로 사람들이 헤어스타일의 변화를 많이 준다(보통은 명절 전날 헤어를 많이 바꾸러 오신다고 생각하는데, 오히려 연휴기간인 명절 휴가 때 매출이 2~3배는 높았다). 그 후로 10·11월이 조금 조용했다가 12월 연말이 되면 연말 약속도 많이 잡고 내년을 기약하며 또 새로운 헤어스타일에 도전하신다. 1·2월까지 성수기, 4·5·6월까지는 또 조용한 달로 들어간다.

하지만 코로나 이후 성수기, 비수기/주말, 평일을 나누기가 애매해지는 경험을 하고 있다. 평일에도 풀예약으로 꽉꽉 자리가 차고 비수기에도 오히려 성수기 때보다 매출이 더 높을 때가 많았기 때문이다.

고객들의 소비를 가만히 들여다보면, 예전에는 누구를 만나야지 헤어를 바꾸고 약속이 있을 때 헤어를 바꾸거나, 명절이나 중요한 행사에만 헤어를 하시는 분들이 많았는데, 지금은 꾸준히 관리하시는 고객님들이 늘어났다. 또한 예전엔 평균적으로 잘하는 미용실을 찾아서 합리적인 소비를 하려고 했다면, 지금은 압도적인 미용실을 찾아주시므로 장사가 잘되는 곳은 항상 잘되며, 안되는 곳은 성수기든 비수기든 장사가 안된다는 이야기를 듣고 있다.

고객들의 소비 심리가 이제는 한 번을 하더라도 내 맘에 들고 서비스, 기술, 상담 등 모든 면에서 완벽한 곳을 찾아 소비하려고 한다. 특히나 미용실이 예약제도로 바뀌면서 고객들이 기다렸다가 시술을 하시는 게 아닌, 언제 어디서든 네이버 예약을 통해 실시간으로 예약이 가능하다 보니 맘에 드는 미용실에서 기다리지 않고 바로바로 헤어를 할 수 있는 것에 메리트를 느끼고 계신다.

따라서 이제는 '서비스 중간만 하자', '기술도 중간만 하자' 이런 마인드가 통하지 않는 시대가 되었다. 압도하지 않으면 고객의 선택을 받을 수가 없다. 《트렌드 코리아(2023)》에 나왔듯, 중간이 사라지는 시대, 평균이 사라지는 시대가 미용계에도 온 것이다. 그렇기 때문에 〈217〉에서는 성수기 때는 매출이 폭발했다가 비수기 때는 많이 하락하는 등의 매출 등락이 거의 없다. 비수기 때는 더 집중해서 해야 할 이벤트를 만들어 고객에게 가치 있는 서비스와 상품을 선보이기 때문이다. 〈217〉에는 비수기, 성수기 시즌이 존재하지 않다고 해도 무방할 만큼, 고객들의 소비가 줄고 예약이 줄어들 땐 그에 맞는 프로모션과 이벤트를 진행하기 때문이다.

1. 비수기 전략(케어)

미용실 비수기 기간에는 고객들을 끌어들이고 기존 고객들의 충성도를 높일 수 있는 다양한 이벤트를 개최하는 것이 좋다. 성수기 때는 선택과 집중을 하는 것이 효과적이었고 비수기 때는 다양한 이벤트를 하는 것이 효과적이다.

다음은 〈217〉에서 비수기 기간에도 안정적으로 운영할 수 있었던 노하우를 공개하도록 하겠다.

프로모션과 할인 이벤트

비수기 동안에는 가격 할인, 미용 패키지 제공, 추가 서비스 무료 제공 등의 특별 프로모션을 하라. 이는 새로운 고객을 끌어들일 수 있고, 기존 고객들을 유지하는 데 도움이 된다. 펌을 하면 크리닉 무료 패키지라든지, 염색 시 두피케어 무료라든지, 클리닉 5회 하면 2회 추가 증정이라든지, 여유로운 시간에 고급스럽게 시술해드릴 수 있는 프로그램으로 객단가를 올리는 방법도 적극 추천한다.

시즌 테마 이벤트

계절에 맞는 테마를 활용한 이벤트를 진행한다. 예를 들어, 겨울에는 '겨울철 두피관리이벤트'을 열고, 여름에는 '휴양지 컬러 이벤트'을 열어 그 계절에만 해야 하는 이벤트를 개최하면 효과적이다. 가을쯤에는 비교적 조용한 달이기 때문에 그 때 가족 명절 맞이 이벤트나 시즌 테마 이벤트를 열면 효과적이다.

고객 감사 이벤트

기존 고객들에게 감사의 뜻을 전하기 위해 특별한 이벤트를 개최하라. 예를 들어, VIP 고객들을 위한 특별 감사 모임을 열거나, 고객들에게 감사 카드나 선물을 제공하기. 우리의 마케팅보다 고객이 좋은 경험을 하여 고객들의 입에서 직접 소문내주는 '입소문 마케팅'이 가장 성공적이다. 그러니 기존 고객에게 더더욱 좋은 서비스를 하라.

〈217〉에서는 디자이너들이 개인적으로 고객에게 너무 감사하다며 한 달에 200분이 넘는 고객에게도 손편지를 써서 클리닉제를 선물로 드린다든지 고객님께 감동을 줄 수 있는 이벤트를 종종 열어 고객의 마음을 사로잡는 이벤트를 진행한다.

SNS 이벤트

비수기 기간에는 소셜미디어를 활용하여 이벤트를 적극적으로 홍보하라. 〈217〉은 20~30대 고객이 많기 때문에 SNS 활용을 했을 때 반응이 좋고, 효과가 매우 좋다. 연령층이 많이 높은 경우에 인스타보다는 블로그나 네이버가 더 적절하지만, 연령층이 젊은 층이라면 인스타는 필수로 홍보해야 한다. 특히 비수기 시즌에는 성수기 시즌보다는 시간적 여유가 있기 때문에 이때 성수기를 위해서라도 더더욱 홍보나 PR에 적극 시간을 써도 좋다. 〈217〉에서는 비수기 전략으로 스파나 케어를 선택했는데, 스파로 힐링하는 멋진 영상을 제작하여 홍보하고 고객에게 할인 정보, 이벤트 업데이트 등을 정기적으로 공유하여 시술을 많이 안 하는 비수기 였음에도 불구하고 높은 케어 매출로 성수기보다 더 높은 수익을 올리는 달도 많아지고 있다.

특히 〈217〉에서는 스파, 모발 케어 이벤트를 개최했을 때 반응이 폭발적이었다. 비수기에는 비교적 고객 수가 폭발적이진 않으므로 한 분 한 분 기계로 두피를 검사하는 두피 진단을 무료로 진행했으며, 현재 고객들의 두피 상태를 알려주는 것만으로도 두피 케어 매출이 3배 이상 증가하게 되었다. 다른 곳에서는 고객의 두피를 볼 수 없지만, 오직 미용실에서만 고객의 두피 상태, 모발 상태를 더 디테일하게 알 수 있다. 따라서 늘 화학시술만 권하는 게 아니라 쉬어갈 때의 관리방법 등을 고객에게 전달하면 고객들은 필요에 의해 선택하게 된다. 지친 고객의 두피도, 지친 고객의 모발도 쉬어갈 수 있도록 쉬어가기 클리닉 이벤트를 진행하는 것도 좋다.

리뷰 이벤트

비수기라 하여 '왜 고객들이 안 오지'하고 아무것도 하지 않는다면 성수기에도 매출이 하락하는 것을 느낄 수 있을 것이다. 따라서 비수기 때는 더 폭발적인 성수기를 위해 미리미리 준비해야 한다. 위에서 말한 SNS마케팅이나 고객 감동 서비스 등이 더 열심히 시행되어야 한다. 특히 비수기 때는 고객들의 리뷰 이벤트를 진행하는 것이 많은 도움이 되었는데, 이는 당장의 효과보다는 하나하나 모여서 더 파급적인 효과를 보는 방식이기 때문에 '리뷰를 받는데도 왜 효과가 없지?'하며 포기하지 말길 바란다. 고객에게 좋은 경험을 주면 고객들은 리뷰를 써주실 테지만, 리뷰는 많이 쌓여야 큰 효과를 보게 되니 마음을 편히 먹고 차근차근 작성하길 바란다.

2. 성수기 전략

성수기 때는 미용실의 수익을 극대화하고 고객 경험을 향상시키기 위한 전략을 개발하는 것이 중요하다. 성수기 때 중요하게 관리해야 할 사항들을 정리해 보면 다음과 같다.

예약 및 시간 관리

성수기에는 예약이 많아질 수 있으므로, 효율적인 예약 시스템을 운영하고, 미용사와 스태프의 시간 관리를 최적화해야 한다. 그렇지 않으면 오히려 고객들은 늦어지는 대기 시간으로 불만이 생길 수 있고, 이는 고객 이탈로 이어질 수 있으므로 예약이 많은 것에만 집중할 게 아니라 고객 만족에 집중해야 한다. 특히 성수기 때 매출만을 위해서 무리하여 고객들을 다 몰려서 받다 보면 서비스를 받은 고객님은 많아질지 몰라도 이탈하는 고객님 또한 많아질 수 있다.

성수기 때 보이는 매출에만 집중하는 것이 아니라 1분, 1분, 진짜 만족과 감동을 주었는지 계속해서 확인하고 노력하는 것이 중요하다. 오너만 이렇게 생각하는 것이 아니라 이 가치관을 직원 전체와 공유하고 스터디하면서 고객을 만나야 한다.

새로운 서비스 및 패키지 제공

성수기 동안 새로운 미용 서비스나 패키지를 제공하여 고객들에게 다양한 옵션을 제공하자. 〈217〉에서는 성수기 때 비수기 케어권이나 비수기 때 사용할 수 있는 쿠폰을 판매하기도 한다. 이로써 고객들이 추가적인 서비스를 시도하게끔 할 수 있다.

고객 감동 서비스 (디테일한 서비스는 절대 생략하지 마라)

성수기에도 높은 수준의 고객 서비스를 유지하고 향상시켜라. 보통은 성수기에는 늘 해주던 지압을 빼거나, 늘 해주던 서비스들을 바빠서 못하는 경우도 생기는데, 이것은 반드시 빠짐없이 시행되어야 한다. 고객들은 그런 서비스 통합으로 만족하여 재방문을 해주신 것이고, 바빠졌다고 그것들을 소홀히 하는 순간 고객은 다른 곳으로 이탈하게 된다. 고객들에게 특별한 경험을 제공하여 그들이 미용실을 추천하고 다시 방문하도록 하고, 고객님께 좋은 경험이 되셨다면 꼭 지인에게 소개해달라고 이야기하라.

〈217〉에서는 "오늘 진짜 맘에 드세요? 머리 진짜 예뻐요. 만족하셨어요?"라며 마무리 때 꼭 고객의 마음을 물어본다. 진짜 자신이 있기 때문에 디자이너들이 물어볼 수 있을 것이고, 고객도 감동을 하셨다면 맘에 든다고 이야기를 해줄 것이다. 그러므로 디자이너들이 언제 어디서든 최선을 다하자는 의미에서 고객님께 시술이 끝나고 마지막에 이 질문을 하게 물어보게 하는 것이 〈217〉의 문화이다. "맘에 드신다고 하면 꼭 소개해주세요! 친한 지인분들 소개로 와주시면 소개할인 적용해드릴게요."라고 이야기하면서 한 번 더 어필을 하는 것이다.

마케팅과 프로모션

성수기에도 마케팅 활동을 강화해야 수익성을 극대화할 수 있다. 특별 할인, 성수기 패키지, 제품 또는 서비스 번들링을 통한 프로모션을 개최하고, 이를 소셜미디어, 웹사이트, 이메일 등을 통해 홍보하는 방법이 유리하다.

직원 추가 채용

성수기 동안 미용사나 스태프를 추가 채용하여 고객 수요를 충족시켜라. 그러면 대기 시간을 최소화하고 서비스 품질을 유지할 수 있다. 품질과 서비스를 유지하기 위해 직원을 원하는 만큼 채용하려면 근본적인 매장 브랜딩이 잘 되어있어야 한다. 결국 성수기든 비수기든 진짜 실력을 보여줘야 고객 재방도, 그리고 직원채용도 원활하게 시스템이 돌아갈 것이다.

매장 운영

- **고객루틴 유지** : 기존 고객들에게 특별 혜택을 제공하여 그들의 충성을 유지해야 한다. 성수기 때 신규에만 집중하면 재방, 기존 고객들은 이탈할 수밖에 없다. 늘 찾아주시는 단골 고객님들께 감사하며 그들을 위한 이벤트를 열어라. 성수기 특별 할인이나 멤버십 프로그램을 통해 기존 단골 고객들에게 가치를 제공해도 좋다.

- **고객 피드백 수집** : 성수기 동안 고객들의 피드백을 수집하고 이를 개선에 활용하라. 만약 불만 사항이 있다면 신속하게 대응하고 문제를 해결해야 한다. 늘 고객의 소리에 귀 기울이고 불편한 점은 직원 모두와 공유하며 바로 시정하게 한다.

- **재고관리** : 성수기에는 미용 제품의 재고를 관리하는 것이 중요하다. 물량이 부족하지 않도록 미리 계획을 세우고, 인기 상품을 재고로 확보하라. 특히 제품 주문은 미리미리 해야 약제가 없어 시술을 못 하는 상황이 생기지 않는다. 이런 재고관리는 관리자를 통해 정확하게 관리될 수 있도록 하는 것이 매우 중요하다. 〈217〉은 보여지는 외부 브랜딩에도 많은 노력을 쏟고 있지만 보이지 않는 내부적인 시스템도 탄탄하게 잡기 위해 관리 이사를 세우고 그 분야만 파고들고 관리할 수 있게 역할 분담을 하였다.

- **안전과 위생** : 미용실은 고객의 안전과 위생을 최우선으로 생각해야 한다. 성수기에도 코로나-19와 같은 위험을 줄이기 위한 방역 및 안전 절차를 엄격하게 시행하고, 그에 따라 시행하고 있는 것을 고객들에게 보이게 하라. 성수기 때는 대부분 매장 청결 퀄리티를 잃어버릴 때가 많

은데, 바쁘니까 매장 청결은 덜 신경 쓰게 되고, 그러다 보면 어느샌가 매출은 일시적으로 오를 수 있겠지만, 점점 고객들은 품질 좋은 서비스를 못 받았다고 느낄 수 있다. 1년, 3년, 5년, 짧게 운영하고 말 것이 아니기 때문에 100년 가는 살롱으로 성장시키기 위해 이런 기본기들을 잃지 말고 점검하며 가야 한다. 성수기에는 수요가 높기 때문에 기회를 최대한 활용하여 매출을 증가시키고 고객 경험을 향상시키는 것이 중요하므로 성수기가 시작되기 전에 철저한 전략과 계획을 세우는 것이 중요하다.

MZ 세대 직원들에게 가장 중요한 아카데미를 통한 성장 레벨교육

미용인의 성장의 핵심은 끊임없는 교육이다. 교육 기반이 잘 되어있는 미용실은 모두 큰 성공을 거머쥐었다. 반면 교육이 중요하게 설정되어있지 않은 브랜드들은 이내 곧 사라지거나, 힘든 경영을 이어가는 것을 너무나도 많이 보았다. 나 역시 매장을 운영하며 다른 업종에 비해 특이하다고 느끼는 것 중 하나가 교육 프로그램이 끊임없이 있어야 한다는 점이다. 다른 업종은 매뉴얼만 배우면 되지만 미용이란 업종은 그렇지가 않다. 기술, 마케팅, 세일즈, 상담법, 인간관계법, 자존감 트레이닝, 자기계발, 인테리어 측면, 디자인 측면, 스피치, 글쓰는 기술 등, 너무 다양한 역량을 필요로 하는 직업이다. 서비스직이라고만 할 수도 없고, 기술직이라고만 할 수도 없는, 복합적인 형태가 미용인이 아닐까 싶다. 고객과 상담도 잘해야 하고, 본인 자체가 트렌디 해서 고객에게 트렌드함을 줄 수 있어야 한다. 마케팅 능력이 있어서 고객을 끌어모을 수 있어야 하고, 기술이 좋아서 고객 헤어를 아름답게 연출해 낼 수 있어야 하고, 고객과 대화할 때 딕션이나 스피치 능력도 좋아야 한다. 또 스피치를 잘하기 위해 글쓰기와 글을 어느 정도 알아듣기 쉽게 정리하는 능력도 있어야 하고 디자인의 감각도 있어야 한다. 사람을 계속 보는 직업이기 때문에 인간관계도 잘 맺을 수 있어야 하고, 사람의 심리 또한 잘 파악하고 있어야 한다. 모든 직업이 그렇겠지만 미용인은 특히나 계발해야 하는 부분이 많다.

〈217〉도 미용실 경영에는 교육이 핵심이라는 것을 깨달은 후부터는 미용실 안에서 자체 교육을 하다가 교육 프로그램을 더 체계화하고 집중하자 생각하고 따로 아카데미를 만들어 직원들이 체계적인 교육을 받게 하였다. 이미 디자이너들에게도 최신 트렌디 교육을 받을 수 있게 하여 끊임없이 성장할 수 있는 발판을 마련하였다. 〈217〉에서 핵심가치 중 하나가 성장이기 때문에 이미 모든 교육을 이수하여 디자이너가 되었음에도 불구하고 유행에 민감한 우리 미용직업은 끊임없이 발전하고 성장하지 않으면 도태될 수밖에 없기에, 이를 강조하며 디자이너가 되어도 꾸준히 교육을 통해 업그레이드를 하고 있다.

아카데미가 생긴 이후에는 정말 많은 성장을 이루었고, 왜 우리 살롱에 입사하고 싶냐고 물어볼 때 체계적인 교육과 아카데미를 꼽은 직원들이 70% 이상이었다. 따라서 미용실을 운영하면서 직원들을 성장시킬 수 있는 교육 프로그램은 필수라 생각한다.

아카데미를 통한 성장 교육 프로그램이 있어야 하는 이유

1. 전문성 강화 : 미용 아카데미를 통해 직원들에게 전문성을 강화하는 기회를 제공할 수 있다. 고객들은 전문가의 미용 서비스를 원한다.
2. 고객 만족도 향상 : 훈련을 받은 직원은 고객에게 높은 수준의 서비스를 제공할 수 있기에 고객 만족도로 이어진다. 따라서 고객들이 미용실을 더 자주 방문하고 다른 사람에게 추천할 가능성이 높아진다. 실제로 고객들이 더 적극적으로 홍보해주신다. 이 매장에는 아카데미가 따로 있어서 계속해서 최신 트렌드를 배우는 걸로 안다면서 소개로 오신 고객들이 늘어났다.
3. 미용 트렌드를 따라가기 : 미용업계는 항상 변화하고 발전하고 있기에 최신 트렌드와 기술을 배우고 이를 실전에 적용할 수 있게 된다. 느끼는 것 중 하나가, 너무 빠르게 트렌드가 바뀐다는 것이다. 비슷비슷해 보여도 한 끗 차이로 고객은 특별한 감성을 원한다. 그것을 빠르게 캐

치 하고 고객에게 해줄 수 있어야 도태되지 않는다.

4. 직원의 자부심 증진 : 아카데미 교육은 직원들의 자부심을 높일 수 있다. 직원들이 아카데미가 생긴 이후 집중할 수 있는 공간이 생겨서 좋다는 의견이 많았다. 전문적으로 교육을 받는 것은 직원들에게 자신감을 주고, 자신들의 미용 기술에 대한 자부심을 높일 수 있다. 〈217〉은 아카데미가 생긴 이후 입사 지원율도 굉장히 높아졌다.
5. 유망한 팀 멤버 발굴 : 인턴부터 디자이너까지 교육을 통해 잠재적으로 탁월한 미용사나 스타일리스트를 발굴할 수 있다. 이러한 인재들은 미래에 미용실의 핵심 멤버로 성장할 수 있다. 아카데미가 생기고 난 후에 〈217〉 리더가 2명이나 배출되었다.
6. 직원의 승진과 유지 : 교육을 통해 직원들이 자신의 기술을 향상시키고 승진 기회를 얻을 수 있다. 이는 직원들의 장기적인 모티베이션과 미용실에서의 장기간 재직을 촉진할 수 있다. 또한 아카데미가 생긴 이후 강사들도 2명이나 배출되었으며, 추후 강의를 하고 싶은 제자들에게 새로운 비전을 줄 수 있다.
7. 경쟁 우위 확보 : 미용업계는 경쟁이 치열하므로, 미용실이 전문 교육을 통해 뛰어난 직원을 확보하면 경쟁 우위를 점할 수 있다. 목포에서 아카데미가 있는 미용실이

없다 보니 우리 〈217〉은 교육으로 유명한 살롱이 되어 가는 중이다.

한편 〈217〉의 교육 프로그램은 이러하다.

- 새내기 레벨 : 모발 생리학, 모발 클리닉, 샴푸, 트리트먼트, 아로마 마사지, 두피 이론, 두피 스켈링, 두피 타입에 맞춘 두피 관리법을 배우며 매장에서 고객들이 가장 힐링할 수 있는 두피 샴푸부터 지압, 모발 케어, 두피 케어를 배움으로써 고객 감성을 자극하고, 고객이 휴식을 느낄 수 있는 프로그램을 파트너 입사하자마자 배우게 한다. 고객 감성을 자극한 프로그램이 고객들의 만족도를 더 높게 하며, 매장에 와서 차별점을 느끼게 할 수 있는 좋은 프로그램이 되어준다. 이론 시험, 그리고 실기 시험으로 다 배운 후 테스트에 합격해야 정식 1레벨에 들어갈 수 있으며 고객의 헤어를 만지는데 기본적인 이론 지식이 없으면 전문가가 아니기 때문에, 이런 부분을 철저하게 교육한 뒤에야 고객의 헤어를 만지고, 고객과 대화할 수 있게 한다.

- 1레벨 교육 : 기본기 교육과 약 도포, 펌 교육베이직한 약 도포, 중화하기 등 가장 기본기가 되는 테크닉을 배움으로써 파트너들이 디자이너들과 함께 고객 한 분을 아

름답게, 감동시킬 수 있는 서비스 기술을 제공하기 위해 트레이닝한다. 정식 기술 레벨인 1레벨은 기술뿐 아니라 SNS 글쓰기 과제, 말하는 화법 과제도 포함하며, 그들이 기술개발과 동시에 사람을 이해하고 대화할 수 있는 글쓰기, 말하기, 어필하기 스킬도 함께 익히게 한다. 매주 과제가 주어지며, 매일 연습할 수 있는 문화를 기반으로 하고 있다. 마찬가지로 시험을 치고 합격해야지만 2레벨로 들어갈 수 있다.

- 2레벨 교육 : 남자 스타일링, 남자 펌, 드라이 등 남성 미용의 모든 것스핀스왈로, 댄디펌, 가일펌, 애즈펌, 호일펌, 리젠트 펌 등 다양한 남자 펌에 대해 배우게 되고, 남성 드라이 스타일링을 배우는데, 이 교육을 마치고 나면 파트너들은 남성 헤어스타일의 전문가가 되어있다. 가발과 모델 작업을 통해 전문가 기술을 익히며, 강도 높은 과제와 시험으로 인해서 대부분 이 레벨을 졸업한 친구들은 남자 펌 모델 작업을 했을 때 디자이너와 비교해도 손색없을 정도로 하드트레이닝이 되어있다. 고객님 머리를 하기 전에는 정말 예민하고 디테일하게 교육하고 가르치는 편이라서 하나하나 세부적인 교육을 진행 중이다. 마찬가지로 과제 달성률을 체크하고 시험을 친 후 다음 레벨에 들어갈 수 있는 자격이 주어지고, 2레벨부터

는 과제 강도가 높은 편이어서 연습량이 시험 일부분에 포함돼 있다. 연습하지 않으면 시험 칠 기회가 주어지지 않으며, 연습을 했더라도 과제 달성률 100%가 되지 않으면 감점으로 시험에 탈락할 수 있다. 시험날 아무리 멋진 테크닉을 구사하더라도 미완성작이 나오거나, 과제 달성이 안 되었거나 하면 다시 재시험을 치고 과제부터 달성을 해야 한다.

- 3레벨 교육 : 여성 베이직 커트사순테크닉과 존액섹션 베이직을 수료한 원장님이 강사로 진행하는 교육으로, 기본기에 대해 중요함을 알려주고 각도와 베이직 그 자체를 이론부터 실습까지 배우게 된다. 가장 중요한 바디 포지션에 대해 강조하고, 기본기를 잘 익혀서 어떤 응용도 체계적으로 할 수 있도록 트레이닝 하고 있다. 이 교육부터는 모델 작업을 실시해야 하며, 모델작업 포트폴리오가 70개 이상 완성된 사람들만 디자이너 승급시험을 칠 수 있는 기회를 얻는다.

- 4레벨 : 남자 커트 남자 커트 또한 베이직(가위질부터 바리깡까지) 이론~실습까지 꼼꼼히 배운다. 남성의 가지각색의 두상을 공부하며, 그들에게 어울리는 디자인을 할 수 있는 응용 테크닉까지 배우게 된다.

- 5레벨 : 컬러브랜드 컬커 교육 1개는 필수로 이수해야 하며, 옴브레, 솜브레 디자인부터 베이직 컬러, 새치커버 등 다양한 테크닉을 배우게 된다.

- 6레벨 : 여성 살롱 커트, 세일즈 인스타 웍 마케팅 상담 법6벨에서는 살롱에서 더 디테일하고 베이직한 기반을 바탕으로 고객 얼굴형 진단 후 어울리는 커트를 할 수 있게 살롱 응용커트 위주로 배우게 되며, 이때 블로그 인스타 마케팅에 대해 배우면서 자신이 여기 있음을 알리는 PR 교육을 배우게 된다. 상담법부터 세일즈에 대해 배우면서 롤플레잉 시험을 통해 고객과 상담할 때 전문가 상담을 하여 신뢰를 얻게 하는 교육을 바탕으로 실시하고 있다.

이렇게 1년 5개월 정도의 과정이 끝나게 되면 연습량과 과제 달성, 다른 레벨에서 낙오하지 않고 열심히 달려온 직원에게는 디자이너 승급시험 기회가 주어지는 데, 만족도, 시간 안에 완성하는지(미완성작은 즉시 탈락), 상담이나 손질 방법에 대해 안내하는지, 자세, 태도, 인성, 기술력을 바탕으로 점수를 내고 합격한 사람들은 초급 디자이너로 데뷔하게 된다. 데뷔해서 3개월간은 고객과 사연을 만들고, 고객 감동 이벤트를 진행하며, 내가 여기에 있다는 것을 알리는 PR 마케팅에 대해 지속적으로 교육하며 콘텐츠 교육을 통해 고객에게 돋보일 수 있는 방법을 함께 교육하고 연습하게 한다.

디자이너 데뷔 3개월 안에 1,000만 원 매출 찍기 프로젝트의 스터디가 진행된다. 매장마다 시스템이 다른데 〈217〉의 시스템은 성장 스파르타식 교육의 성격을 지니며, 여기에는 다 까닭이 있다. 대개 디자이너로 데뷔하고 너무 천천히 성장하는 친구들은 시간이 지나도 더디게 성장하는 것을 보았다. 그 이유는 습관이 몸에 배어버리기 때문이다. 그 습관이 평생의 미용 인생을 좌우한다. 따라서 〈217〉에서는 초반에 힘들더라도 강한 스파르타로 하루 루틴을 성장할 수밖에 없게끔 하는 미션들이 많이 존재한다. 내가 직접 컨설팅하고, 디자이너 데뷔 후 3개월 안에 1,000만 원 찍기 프로젝트를 시행하여 교육했을 때, 목표 매출액을 달성하지 못하는 직원은 한 명도 없었다. 그들이 처음 배울 때 습관을 잘 잡아 놓으면 그 뒤로는 더 이상 티칭하지 않아도 알아서 그 좋은 습관으로 계속해서 성장하려고 노력하는 것을 많이 보았다. 때문에 나는 아직 이런 제도를 사용하고 있고, 그들을 컨설팅해 주고 있다. 1,000만 원을 찍은 친구들은 1,500프로젝트, 2,000프로젝트를 통해 단계별 성장을 함께 돕고 컨설팅하는 중이다. 실제로 그렇게 해서 디자이너가 된 지 3개월 만에 1,800만 원을 실매출로 찍는 디자이너들이 생겨나고 있다.

매출이 다는 아니지만, 미용은 너무 정직해서 열심히 한 만큼 숫자로 표현되게 되어있다. 때문에 내가 열심히 했다는 증거로 숫자를 볼 수 있으므로 매일 성장하고 있는가, 매달 성장하고 있는가를 체크해 볼 필요가 있다.

요약하면, 아카데미 교육을 통해 직원들을 교육하고 승진시키는 것은 고객 서비스 품질 향상, 직원 모티베이션 증진, 경쟁 우위 확보 등 다양한 장점이 있다. 미용실의 전문성을 유지하고 성장시키기 위해 미용 아카데미는 중요한 자산이 될 수 있으므로, 교육을 통해서 훌륭한 인재를 모으거나, 발굴하고 싶거나, 배출하고 싶은 분들은 아카데미를 만들어 교육에 투자하길 바란다. 〈217〉 역시 더더욱 교육에 투자하여 더 많은 인재를 낳는 곳이 되는 것이 목표이다.

아무리 바빠도 월 미팅은 꼭 진행하라

바빠지면 육체가 힘들어지기 때문에 해야 할 기본기를 생략하는 경우가 종종 생긴다. 매장을 운영하며 꼭 놓치지 말아야 할 것들이 몇 개가 있는데, 그중 하나가 월간 회의이다. 정말 몸이 피곤 힘들어도 그럼에도 불구하고 계속해서 성장하고 발전하길 원하는 핵심가치 아래 모인 우리이기 때문이다.

첫째로, 우리는 비즈니스 방향을 설정하고 전략을 계획해야 한다. 이게 없으면 우리가 어떤 길을 가야 하는지 모르거나 잊어버리게 된다.

둘째로, 문제나 도전 과제가 발생하면 회의를 통해 함께 머리를 맞대고 문제를 해결하듯, 한 사람이 생각한 것보다 여럿이 머리를 맞대야 좋은 아이디어, 개선점이 생겨서 원활한 운영이 가능해진다.

셋째로, 팀원들에게 모티베이션을 주기도 한다. 회의에서 아이디어를 나누고 목표를 공유하면 우리 모두가 미용실의 성공을 위해 힘을 합치게 되며 시너지가 날 수 있다.

넷째로, 성수기나 비수기, 고객 피드백을 공유하고 서비스 품질을 높이는 방법을 논하면서 고객 서비스를 개선할 수 있다. 그러면 고객들이 미용실을 자주 찾아와주고 더 많은 사람들에게 추천해 준다.

마지막으로, 회의를 통해 팀 간 협력을 강화하고 업무 효율성을 높일 수 있다. 결론은 회의를 통해 오히려 우리 모두의 시간과 에너지를 절약할 수 있다.

회의 진행시 주의사항

- 목표 불명확성 : 회의 목표가 명확하지 않으면 참석자들은 회의의 방향성을 이해하지 못하고 무의미하게 시간을 보낼 수 있다. 진짜 중요한 부분이다. 회의가 산으로 가게 된다. 따라서 목표를 명확하게 하고, 그 목표를 회의 참석자에게 확실히 전달하고 시작해야 한다.
- 부적절한 참석자 : 필요한 사람들 외에 불필요한 참석자가 회의에 배석하면 시간과 에너지를 낭비할 수 있다. 이 회의에 적합하지 않는 사람은 참석시키지 않도록 한다.
- 준비 부족 : 회의 참석자들이 사전에 안건과 아젠다에 대

한 준비를 하지 않으면 토론이 허술하고 무의미하게 될 수 있다. 사전에 안건, 아젠다 공지를 미리 하라.

- 시간 관리 문제 : 시간을 정해 놓고 해야 한다. 〈217〉에서는 줌회의를 자주 하는데, 딱 1시간이면 1시간, 3시간이면 3시간으로 시간을 맞춰놓고 진행한다. 습관을 들여야 대화가 산으로 가지 않고 시간을 절약할 수 있다. 회의가 예정된 시간을 초과하거나, 시간 분배가 부적절하게 이루어지면 참석자들의 집중력을 상실하게 만들 수 있고, 다시 회의할 때 참석하기 싫어진다.
- 주도 부재 : 회의를 주도할 적임자가 없거나, 그 역할을 충분히 수행하지 않으면 회의가 방황하거나 불만족을 초래할 수 있다. 사회자처럼 진행해줄 사람이 명확해야 하고 진행자는 사전에 어떻게 진행할지를 미리 연습해서 해야 한다.
- 너무 많은 안건 : 한 번에 다루어야 할 안건이 너무 많거나, 시간이 부족하여 각 안건에 충분한 토론 시간을 할애하지 못하면 결정이 미루어질 수 있다.
- 의견 억제 : 일부 참석자가 자신의 의견을 표현하기를 주저하거나, 다른 참석자에 의해 억제될 경우 토론의 다양성과 품질이 낮아질 수 있다.
- 분쟁과 갈등 미해결 : 분쟁이나 갈등이 효과적으로 다루어지지 않으면 회의 분위기가 나빠지고, 결정에 영향을

미칠 수 있다.

- 회의기술 부족 : 회의 도구와 기술을 활용하지 않거나, 이를 잘못 사용하면 회의 진행에 어려움이 생길 수 있다.
- 결과나 행동 계획 부재 : 회의가 끝나고 나서 결과나 행동 계획이 정해지지 않으면 회의의 의미가 퇴색될 수 있다.
- 과도한 회의 : 불필요하거나 빈번한 회의는 참석자들에게 부담을 주고 시간을 낭비할 수 있다.

효율적인 회의를 위해 이러한 사례를 피하려면 명확한 목표와 아젠다를 설정하고, 참석자들의 참여와 의견 표현을 존중하며, 시간을 효율적으로 관리하는 것이 중요하다. 또한 회의 후에는 결정 사항과 행동 계획을 문서화하고 추적하여 효과를 확인할 수 있도록 해야 한다.

억대 연봉 만드는 상담 노하우

세일즈 화법

〈217〉아카데미에서는 기술뿐만 아니라 세일즈, 인스타 마케팅, 블로그 마케팅 성공하기 위한 다양한 교육을 진행하는데, 그 중 미용인에게 필수로 필요한 세일즈 화법에 대해 언급해 보겠다.

디자이너가 되었을 때 기술만 잘하는 직원과, 기술과 세일즈를 함께 잘하는 직원의 성장 속도는 아예 차원이 다르다. 경영 초창기에는 기술만 가르치면 될 거라고 생각했는데, 매장을 운영하다 보니 어떤 직원들은 고객에게 사랑받고 매출을 올리는가 하면, 어떤 직원은 정말 기술은 좋은데도 고객에게 사랑받지 못하고 매출에 어려움 또한 느낀다. 이런 경우 해당 직원에게 없는 것이 뭘까 고민했었다. 답은 세일즈 능력이었다. 상대방을 기분 좋게 하고, 상대방에게 마음의 문을 열게 하는 세일즈를 가르치기 시작한 후부터는 〈217〉 또한 개개인이 많은 성장을 이루기 시작했다.

얼굴형에 따른 상담 법

<계란형>

정면으로 진단했을 때 턱이 없고 광대가 튀어나온 것도 없으면 계란형이라 한다. 계란형 헤어스타일로는 대부분 다 잘 어울린다. 예쁜 얼굴형을 강조할 수 있는 레이어드 에스컬펌, 포니테일, 하이 레이어드 C컬펌 같은 스타일을 추천한다.

<하트형>

정면으로 진단했을 때 턱이 있고 광대도 튀어나와 있는데, 광대 골격이 더 강한 경우를 하트형이라 한다. 이러한 얼굴형은 광대를 커버해주는 헤어디자인이 예쁘다. 보통 우리나라 여성들의 얼굴은 둥근형이 굉장히 많다. 하트형은 그리 많지는 않은데, 간혹 턱은 뾰족하고 광대가 나온 경우 광대만 가볍게 커버해주면 계란형처럼 보일 수 있기 때문에 사이드뱅을 연출하는 것에 신경을 많이 써야 한다.

가장 어울리는 헤어로는 귀 높이에서 웨이브 추천하고, 7:3으로 가르마 해서 한쪽으로 굵은 웨이브로 볼륨을 극대화시켜 주면 좋다. 머쉬룸헤어, 숏컷, 날카로운 직선 커트는 피해 주면 좋다.

<땅콩형>

정면으로 진단했을 때 광대, 턱 골격이 나옴. 이 둘의 튀어나온 정도가 비슷한데, 볼이 꺼진 얼굴형을 땅콩 모양을 닮았다 하여 땅콩형이라 한다. 볼 패임으로 인해 자칫 잘못하면 나이가 들어 보일 수 있고, 두상과 얼굴이 작은데도 골격이 도드라진 유형이라 자칫 투박해 보일 수 있기에 볼륨과 웨이브를 굵게 주어 볼패임이 빵빵하게 느껴지도록 디자인을 해주는 것이 핵심이다. 가장 어울리는 스타일로는 일자 머리보다는 층을 내주는 것이 좋다.

매직 스트레이트보다는 굵은 웨이브를 주는 것이 좋다. 레이어드컷, 허쉬펌, 옆머리에 웨이브 준 스타일, 미디움풍성 에스컬 등이 있다. 볼륨 숏컷, 매직머리 직선의 커트는 골격을 더 도드라지게 하므로 피해야 할 스타일이다.

<육각형>

옆으로 튀어나온 광대는 없으나 턱 골격만 있는 얼굴형이다. 강해 보이는 이미지를 줄 수 있는 얼굴형이고, 잘 연출하면 오히려 고급스러워 보이는 이미지를 줄 수 있다.

육각형 얼굴은 사이드뱅을 너무 길게 하면 오히려 턱이 더 강해 보일 수 있으므로 옆머리를 낼 땐 기장을 광대에 스치는 정도로 짧게 해야 한다. 사이드뱅을 길게 하면 턱이 더 사각형으로 보인다, 앞머리를 연출할 때는 뱅보다는 시스루뱅으로 숱 없이 사이드뱅과 연결해 주면 좋다.

사이드뱅 기장이 길어야 하는 고객님이라면 컬감을 강하게 넣어서 사이드뱅 탄력을 업시켜 짧아지게 하라. 가장 어울리는 스타일은 미디움 레이어드컷으로, 턱부터 승모근까지 층을 주어 '얄쌍한' 느낌을 주면 더욱 더 얼굴형이 곡선적으로 바뀐다.

<둥근형>

우리나라 여성들에게 가장 많은 얼굴형이 둥근형이다. 긴 둥근형, 아주 짧은 둥근형, 평범한 둥근형으로 길이에 따라 다르지만, 대부분 골격은 도드라지지 않고 볼살이 많아 골격 뼈가 잘 안 보이는 얼굴형을 의미한다.

귀여워 보일 수 있는 이미지이지만, 얼굴이 둥근 것을 커버하고자 할 때는 슬릭펌이나 직선의 커트가 좋다. 풀뱅은 피해 주는 것이 좋다. 특히 라인뱅 같은 둥근형의 앞머리 커트는 얼굴을 더 둥글어 보이게 하므로 앞머리를 내더라도 시스루나 사이드뱅이 좋다. 특히 7:3 가르마에 사이드뱅을 내주면 얼굴형이 약간 길어 보이는 효과가 나면서 계란형으로 보이게 만들 수 있다. 가장 어울리는 스타일로는 레이어드C컬, 뿌리볼륨, 슬릭펌, 사이드뱅, 단발을 하고자 한다면 차라리 턱

선까지 오는 칼단발의 직선적인 느낌을 주는 것이 좋다. 너무 둥그런 C컬은 피할 것을 권한다.

<마름모>

정면으로 보았을 때 턱이 아닌 광대만 부각된 얼굴형이다. 턱과 이마가 좁아서 숏컷이 잘 어울린다. 히피펌과 같은 컬이 많은 디자인도 얼굴선을 부드럽게 떨어지게 한다. 대략적인 얼굴형만으로는 정확히 단정지을 수 없고, 주걱턱, 앞 광대, 옆 광대, 45도 광대, 상·중·하안부 균형, 이마 넓이에 따라 얼굴형은 또 차이가 생기는데, 이런 스타일에 대해 배워야 고객과 스타일 상담을 하는데 전문적이 되고, 고객들이 신뢰하고 맡길 수 있다.

특히 헤어 커트만 잘한다고 가발을 자르듯 완벽한 테크닉을 구사해도 고객과 어울리지 않는 헤어를 한다면 고객은 다시는 재방문하지 않으며, "머리 너무 맘에 안 든다"라는 이야기를 할 것이다. 고객의 얼굴형을 분석해서 단점을 보완할 것은 보완해주고, 오히려 부각시킬 곳은 매력적이게 어필해서 고객님의 이미지를 찾아줘야 한다.

얼굴의 모든 단점을 다 커버하고 가릴 필요는 없다. 예를 들면, 광대가 있는 사람도 무조건 가린다고 예쁜 게 아니라 어느 정도의 광대는 고급스럽고 더 동안의 이미지를 주기도 한다. 따라서 고객마다 어울리는 디자인이 다 제각각 다르니 끊임없이 헤어 디자인에 대해 연구하고, 고객에게 어울리는 스타일을 탐구해야 한다. 이러한 얼굴형에 관련된 다양한 상담법을 〈217〉에서는 하루를 빼서 상담 교육부터 롤플레잉까지 꼼꼼히 진행한다.

다음은 스타일이 아닌, 모질에 따른 이미지 특징을 정리하였다.

- 얇고 곱슬 : 쉽게 흩날리고 부시시해지기 쉬움/볼륨과 깔끔함, 두 마리 토끼를 잡고 싶어 한다.
- 굵고 곱슬 : 곱슬이 극대화됨으로 고객들은 깔끔하고 슬릭한 느낌을 선호하는 경우가 많다.
- 얇고 직모 : 볼륨이 많이 부족한 스타일이라 볼륨을 굉장히 중요시한다.
- 굵고 직모 : 기본적인 생머리라 볼 수 있다. 펌도 적당히 예쁘게 나오고 시술이 비교적 깔끔하게, 예쁘게 나오는 스타일이다. 모질은 좋은 모질.
- 악성 곱슬 : 곱슬 때문에 굉장히 지저분해 보이고, 뭘 해도 안 예쁘고 꼬불거리는 게 고민이신 분들. 최대한 슬릭한 디자인을 추천드려야 한다. 여기서 펌을 하면 굵은 느낌의 펌보다는 부시시한 뽀글이펌이 되기 때문에 상담을 디테일하게 해줘야 한다.

곱슬머리는 자연적으로 탄력이 부족하고 건조한 경향이 있으며, 머리카락이 매우 건조해 보일 수 있다. 따라서, 적절한 헤어 케어가 중요하다. 영양을 공급하고 보습을 유지하기 위해 풍부한 영양소가 있는 샴푸와 컨디셔너를 사용하고, 주기적인 헤어 단백질 케어나 마스크팩을 해야 한다.

상담 시 스타일 관련, 모질에 관련된 상담도 중요하지만, 고객이 알아야 할 주의사항에 대해서도 꼼꼼히 안내를 해줘야 한다. 헤어 시술은 마법이 아니고 과학적 원리를 이용해 시술을 하는 것임으로 고객들이 생각했을 때와 디자이너가 시술하는 내용에 대해 차이가 있을 수 있으므로 모든 것을 꼼꼼히 안내 후 진행하도록 해야 고객의 생각과 오차범위를 줄일 수 있다. 다음은 펌 전문 〈217〉에서 펌 시술 시 안내해야 하는 주의사항에 대해 정리하였다.

- 고객님의 생각과 나의 생각은 다를 수 있으므로 상담 시 반드시 사진을 보여달라고 한다.
- “모든 사람은 두상도 모질도 형태도 손상도도 다 다르기에 사진과 똑같지 않다는 점 참고해 주세요”라고 반드시 안내하기
- “모든 사진은 말리고 난 후이기 때문에 오늘 이 펌을 하고 나서는 이 펌을 말리는 방법에 대해 배워가셔야 해요. 제가 쉽게 말리는 방법으로 안내해드릴 테니 시술 후 배

워보세요"라고 반드시 손질 방법 안내 하기

- "밤에 샴푸하시는 것보다 디자인적으로는 아침에 손질하시는 게 좋고, 펌은 자연건조보다는 100% 말려주는 것이 디자인을 더 굵고 탄력 있게 손질할 수 있습니다."라고 안내하기
- "간혹 밤에 주무셔서 눌리는 현상이 있는데, 펌을 하면 밤에도 낮에도 계속 그 형태대로 지속되는 줄 아시는 고객님들이 계시기에 스타일링을 꼭 하셔야 볼륨이 유지된다."라고 말씀드리기
- 말리기 싫은 고객님들, 말리기 힘든 고객님들은 C컬 펌이나 자연건조에도 탁월한 디자인을 추천드리기
- 진정성이 있는 이야기로 고객님께 최선을 다할 것.

전문가 상담법

1) 펌은 모발 손상 상태에 따라 컬이 안 걸리거나 늘어지거나, 지글지글해질 수 있어서 모발 손상도 체크가 가장 중요합니다. 모발 손상도 체크 먼저 해드리겠습니다. 염색은 모발 손상도에 따라 컬러가 금방 빠져버리고 퇴색되어 버리는 데요. 단백질이 있으면 염모제가 단백질과 함께 흡착해서 오래 가는데 단백질이 없으면 사세포에 엉겨 붙어서 샴푸만 하면 '슝슝' 금방 빠져 버려요. 그래서 모발 데미지 진단이 중요해요. 진단 먼저 해드릴게

요.

2) 모발 데미지는 0~10이 있는데,
0레벨은 단백질이 100% 차 있어서 늘어나지 않고 끊어지지 않고
3레벨은 단백질이 70% 차 있어서 살짝 늘어나고
5레벨은 50% 정도의 단백질이라 쭉 늘어나고
7레벨은 단백질이 30%밖에 없어서 늘어나다가 끊어지고
10레벨은 단백질 0%. 모발 안이 텅텅 비어 있어서 컬을 걸 수가 없는 상태를 이야기합니다.
모발은 '모수질 - 모피질 - 큐티클'로 구성되어 있어요. 100만분의 1 분자 구조의 단백질로 채워져 있어요. 펌은 단백질 결합이라 모발 안에 단백질이 없으면 결합력이 떨어져요.
모발의 구조는 손가락 구조랑 비슷해요. 맨 안쪽인 뼈는 모수질과 비슷, 중간 살은 모피질과 비슷, 겉 피부는 큐티클과 비슷해요.
뼈(모수질)에 손상이 오면 늘어나다 끊어지고, 살(모피질)에 손상이 오면 살 빠진 사람처럼 가늘어지죠. 피부(큐티클)에 손상이 오면 거칠어져요. 겉에만 채워도 금방 빠져나가기 때문에 맨 안쪽 뼈대부터 탄탄히 채워줘야 해요. 뼈대부터 탄탄히 채워주려면 모발의 단백질과 가장 유

사한 나노 단백질을 채워줘야 해요. 단백질 시술 후 펌을 하시면 굵기도 적당히, 유지력도 오래 지속됩니다.

재방문을 불러일으키는 디자이너 되는 법

전문가 상담을 한다.

1) 스타일상담 먼저

2) 모발 -두피 진단을 내리고 상담

3) 제안과 함께한다.

4) 유의사항 안내

- 고객이 들어온 순간부터 그 고객의 핫스팟 찾기 게임을 해야 한다. (예:탑 볼륨이 고민인 분, 옆 볼륨 고민인 분, 물광에 집착하시는 분, 화려한 옷에 걸맞은 헤어, 돈 많아 보이는 헤어 등)
- 핫스팟을 찾았다면 그 부분 먼저 해결해주기. 가려운 부분을 긁어주고 시작하자. 친절함은 표정, 말투, 행동의 삼박자가 맞아야 한다.
- 표정은 눈, 웃음, 말투는 딱딱하지 않게, 부드럽게 "~용"으로 끝내고, 이름 기억해서 불러주기. 행동은 중간중간 불편한 곳 없는지 체크하기. ("뜨겁진 않으세요?" "차 더 드릴까요?" "쿠션 받쳐드릴게요" 등)
- 다음 방문 약속하고 가기(예: 2주 후 모발 단백질 클리닉 꼭 받으셔야 해요, 한 달 후 숱 정리 꼭 하러 오셔야 해요. * 재방문 쿠폰 사용도

추천!)

컴플레인 대처 방법 – 베이직

- 잘못한 부분(실력적인 부분, 실수 부분)은 무조건 인정 먼저 하기(불편하게 해드려서 죄송합니다. 미흡했던 점 죄송합니다.)
- 사과하기
  - 어느 부분을 더 수정해드릴지, 봐 드릴지 물어보기
  - 상해를 입혔다면 해결방안을 제시할 것
  - 상해가 아닌 실력적인 부분으로 컴플레인이 걸렸다면 위의 방법처럼인정하고 사과한 다음, “다시 방문 날짜를 잡아주시면 친절히 봐드리고 수정해드리겠습니다.” 라고 친절하게 멘트하기.
- 통하지 않는 경우 직급자가 한 번 더 수정해 줄 것
- 상해인 경우에는 보상 제시를 할 텐데, 디자이너가 보상하는 것을 원칙으로 한다. 혼자 해결하기 어려운 수준만 매장에서 도와주는 것이고, 그 외에는 직접 대처해야 한다. 이런 경험으로 인해 실수하지 않게 된다.

뭘 해도 사랑스럽고 호감인 매력적인 디자이너가 되고 싶은가?

(*어떤 행동이 호감을 불러일으키는지 알아보자*)

1. 의상을 프로패셔널하게
2. 바른 자세 유지하기

3. 눈빛을 초롱초롱하게, 열정적으로 꾸미기

4. 상대방의 이름을 외우기

5. 방문 시에 부담 주지 않고 힐링을 준다

6. 필요한 것만 제안한다

7. 필요하게 제안한다

8. 왜 필요한지 알려주고 선택하게 한다(선택은 강요하지 않는다)

9. 신뢰를 얻어낸다

10. 자신감 있는 목소리

11. 자신감 있는 제스처

12. 여유 있는 말투, 속도

고객님을 불쾌하게 만드는 행동

- 손톱으로 아프게 머리 만지는 것
- 매직기 잡을 때 머리가 뜯기는 것
- 머리 말릴 때 뜨겁게 하는 것
- 말하고 싶은데 내 말 안 듣고 자기 말만 하는 것
- 안된다는 말을 계속 하는 것
- 목 아프고, 다리 아프고 육체가 불편한 것
- 샴푸실 온도가 뜨겁거나 차갑거나 해서 짜증 유발
- 수건에서 냄새 나거나, 가운이 더럽거나, 이불, 수건이 더럽거나

- 선생님 눈빛이 흐리멍텅할 때 기분 나쁘고
- 말투가 딱딱할 때 기분 나쁘다
- 웃지 않으면 기분 나쁨
- 고객이 불만을 가질 수 있는 부분을 사전에 미리 알고 대비한다.
- 미리 사전 설명하기
- 대안 방법 미리 마련하기

고객에게 아른아른 스며드는 브랜드가 돼라

〈217〉에게 고객이란 행복을 드려야 하는 존재. 때로는 가족처럼, 때로는 사랑하는 사이처럼 따뜻한 소통이 만들어지게 하는 것이 〈217〉 모든 구성원들의 목표이다. 그로 인해 아름다움과 행복을 드리는 것이 〈217〉의 핵심가치 중 하나이다.

고객들이 단순히 헤어만 하고 가는 것이 아니라 행복감을 느끼게 하는 것이 우리의 목표이기 때문에, 우리는 헤어에 대한 이야기 이외에도 고객이 얼마나 아름답고 각자 고유의 향기를 가지고 있는지에 대한 이야기를 많이 해드린다. 그저 매출에만 신경 쓰는 것이 아니라 '고객 한 분 한 분 아름답게 만들어 주기 위해 노력하는 것. 서로가 모여서 어떻게 하면 고객님께 행복을 드릴 수 있을까?' 이 주제 하나만을 놓고 연구하고 회의를 진행하는 것. 이것이 우리가 가진 강점 중 하나가 아닐까? 진정성의 무기가 아닐까 생각된다.

이러한 과정에 있어서 고객이 어떤 강점을 가지고 있는지를, 고객의 자존감을 올려드릴 수 있는 내면의 아름다움을 알려주는 것. 그것이 〈217〉의 외면의 아름다움, 그리고 내면의 아름다움의 슬로건과 걸맞은 중요한 가치 중 하나이다.

따라서 〈217〉에서는 고객과 찐 교류들을 많이 하는데, 나의 경우에는 서울에서 오랫동안 근무를 했었기에 처음 목포에 오픈하고 난 후 서울에서의 고객들이 왕복 6시간씩 걸리는 목포에 와주셔서 머리를 하고 가시는 경우가 아직까지도 있을 정도로 소중한 고객님들이 많다. 또 어떤 분은 계속해서 〈217〉이 확장을 하게 되어 목포점, 서울점, 전주점, 남악점 이렇게 매장이 계속 생겨났는데, 그때마다 서울에도, 전주에도, 남악에까지도 계속 함께해주시며 오픈 멤버처럼 계속해서 추억을 쌓는 고객님도 계신다. 또 정말로 오픈 멤버 같은 고객님이 계신데, 그분과는 너무 오랫동안 알고 지내서 이제는 가족 같은, 언니 동생 같은 사이가 되었다. 힘들 때 서로 위로해주고 행복을 빌어주는 사이가 됐다.

또 〈217〉 더블랙을 오픈하게 된 원장 지오는 지점을 오픈

하면서 매달 300명의 고객님을 만났는데, 남성전문 모델 룩북 촬영을 한다고 하니 네 분이나 흔쾌히 "성장에 도움이 될 수만 있다면 모델을 해주겠다"고 하시며, 전문 모델도 아닌데 포즈 연습까지 해오셔서 지오원장의 헤어모델 룩북 촬영에 많은 도움을 주었다.

언제 어디서든 꽃길만 걷고 잘되었으면 좋겠다고, 〈217〉은 행복길만 걸었으면 좋겠다고, 도울 일 있으면 언제든지 돕겠다고 연락을 주셨는데, 그러한 마음들이 너무 감사하고, 단순히 고객님이 아닌 우리 인생에 찐하게 스며들어 있는 존재들이 아닐까. 고객의 인생에서도 〈217〉이, 우리 〈217〉의 인생에서도 고객님들이 너무 중요한 존재가 된 것 같아 그 자체로만으로도 행복하고 감사함을 느끼고 있다.

디자이너 또한 고객들과 이런 추억거리들이 너무 많다. 실례로, 〈217〉남악점에서 근무하는 인지 디자이너의 고객과의 추억거리 3가지를 이야기해보겠다.

- "두 번째 방문 해 주신 고객님께서 귀여운 캐리커처 반창고와 미니 손편지를 포장해서 저한테 주셨는데, 딱 그달이 제가 고객님들에게 관리키트와 손편지를 드리고 있는 달이어서 뭔가 서로 선물이랑 편지를 교환한 것 같았던 느낌이라 몽글몽글 감동적이었다."

- “디자이너 데뷔 전 헤어모델 모집 기간에 신청자로 오신 모델분께서 이젠 찐 단골 고객님이 되어서 항상 머리하고 나면 그 과정들을 나보다 열심히 찍어서 본인의 블로그에 예쁘게 포스팅을 해주시는데, 그 정성과 마음이 너무 감사하고, 그 고객의 블로그를 보고 오시는 고객들이 너무 많음. 너무 감사하다.”
- “머리 하시고 퇴장하시기 전 고객님들께서 매장 핸드폰 번호를 보여주며 제 번호냐고 물어봐서 매장 전화번호라고 말씀드리니 그날 밤 인스타 디엠으로 기프티콘과 장문으로 이번 머리도 맘에 들게 해주셔서 감사하다며, 번호를 몰라 어떻게든 드리고 싶어서 여차저차해서 디엠으로 기프티콘을 보내드린다고 했을 때, 그 마음이 너무 감사해서 감동받았던 적이 있다.”

전주점 〈217〉을 운영하고 있는 소언 원장님에게도 고객들과 감동적인 스토리들이 많은데, 몇 가지 소개해 보겠다.

- “항상 찾아주시는 어머님 고객님이 계신데, 처음엔 딸 소개로 오셔서 인연이 된 게 2년 정도 됐다. 처음 오신 날 펌을 하고 가셔서 너무 마음에 든다고, ‘원장님, 머리 너무 잘한다’며 문자를 주셨을 때 벅찬 감동을 느꼈다. 그 후에도 머리하고 가신 후에 자주 문자를 해주셨고, 최근

에는 하루종일 밥도 안 먹고 일하면 힘들다고 영양제는 챙겨 먹냐는 말에 잘 못 챙겨 먹는다고 하니 종합 비타민을 사서 퀵으로 보내주셨다. 내가 먹으면 좋은 영양제들 링크와 효능도 보내주시고, 유튜브 영상도 찾아서 건강 챙기라고 신경 써주셨다. 내 건강까지 생각해주시는 고객님 마음에 크게 감동했고, 내가 더 잘해야 한다는 생각이 들었다."

- "곡성에서 전주까지 3년 넘게 찾아주시는 어머님이 계시는데 항상 토요일에 아버님과 같이 오셔서 아버님은 주차장에서 기다리시고 어머님만 머리를 하고 가신다. 아버님이 시간이 안 될 때는 따님분이 모셔다 주시는데, 어머님이 미안하셨는지 아버님께 '가까운 데에서 머리할까?'라고 말했는데, 아버님은 아니라며 항상 데려다줄 테니 당신이 마음에 드는 곳에서 머리를 하라고 말씀해주셨다. 그 후에도 항상 같이 오셨고 아버님이 한 번 시간 안 될 때는 기차를 타고 오셨다. 전주와 곡성 고객님께 말로만 들었을 땐 감사한 마음이 들었고, 우연히 운전하다가 곡성 옆을 지나가 보니 '곡성이 이렇게 멀구나'하는 생각에 뭉클하면서 감동이었다."

남악점 설연 선생님의 사례도 초보 디자이너부터 시작된 고객과의 소통과 성장, 감동의 사례를 잘 보여준다.

• "디자이너 된 지 1개월 차 때 보통은 고객님께 프로페셔널한 모습만 보여야 하는데, 고객님이 이미 파트너 때부터 본 고객님들이라서 나에게 '자신감을 가져라, 마음껏 해봐라, 선생님의 기술을 맘껏 펼쳐봐라'라고 하시면서, 마지막엔 '진짜 잘했다, 잘 배운 것 같다, 자신감 가져도 될 것 같다'라고 말해줬을 때 응원을 받는 느낌에 감동하고, 이렇게 디자이너가 된 것 같아서 감사했다. 보통 디자이너가 된 지 얼마 안 되어서 고객 입장에서 불안할 법도 하신데, 무조건 믿고 맡겨주심이 감사했다."

〈217〉헤어살롱은 생긴 지 8년이 되었는데, 처음부터 우리와 함께 인연을 지속해오신 8년 차 단골 고객님이 많이 계신다. 우리는 함께 세월을 보내며 추억을 쌓고, 고객님과 살롱 그 이상의 '삶'에 스며드는 브랜드가 되고 싶다. 그런 과정에서 고객들과 함께 하는 1분, 1초가 우리에겐 너무 뜻깊고, 그런 과정 하나하나가 쌓여서 우리 브랜딩이 되는 것이며, 이런 과정 없이 하루아침에 고객에게 스며드는 브랜드로 자리 잡을 수는 없는 일이다.

나중에 살롱이 성장해서도 이렇게 하나하나 고객과 키워나가는 과정이 굳건한 기반이 되기 때문에, 더더욱 단단하게 성장하며 작지만 강한 힘을 뿜는 브랜드가 될 것임을 확신한다.

'앞으로 어떻게 하면 매출을 더 올릴까?'가 아니라 '어떻게 하면 고객 삶에 스며드는 브랜드가 될 수 있을까?', '어떻게 고객님과 행복한 추억들을 쌓을 수 있을까?'를 더더욱 연구하는 브랜드가 될 것을 다짐한다.

부록

성장노트
강의개선 사례

-〈살롱드린〉과 〈유이프〉 CASE -

CASE 1.
〈살롱드린〉 사례

〈살롱드린〉 미용실은 성장노트 강의로 인해 개인의 변화를 경험했고, 이후 직원들 전체와 듣고 싶다 하여 살롱 입점 교육을 신청하여 수강 후 매장을 성장시킨 사례이다. 살롱드린의 원장님의 이야기를 들어보자.

“

1인 매장을 운영하다가 직원들이 생겨나면서 내가 아닌, 매장의 성장을 위해 공부해야겠다는 생각은 늘 하고 있었는데, 어떻게 공부를 해야 할지, 무엇을 공부해야 할지 첫 단추의 갈피를 잘 못 잡고 있었다. 왜 직원들이 내 마음과 다르게 생각하고 행동하는지 이해가 안 갔다. 어떤 방식으로 어떻게 알려주어야 하는지에 대해 고민이 많았다. 그렇게 평소 직원들과 소통하는 것이 배우고 싶다고 생각하던 중 민지 원장의 〈성장 노트 교육〉 신청을 보게 되어 신청하여 듣게 되었다.

성장 노트 강의를 듣고 크게 두 가지가 변화했다.

1. 개인의 변화

'생각보다 나는 나에 대해 이렇게 디테일하게 생각해본 적이 있나?' 싶으면서, 나에 대해 하나하나 적어가다 보니, '아, 내가 이런 면이 있구나' 하면서 오히려 익숙하면서도 새로운 모습들을 많이 발견했다. 나의 단점이 곧 장점이라는 것을 알게 되면서 자존감도 높아졌다. 나는 다른 사람의 시선을 많이 신경 쓰고 상대방의 마음을 잘 헤아리는 편인데, 그게 결국 직원들의 마음을 하나로 모으는 데 큰 도움이 되는 장점이라는 것을 성장 노트를 듣고 알았다.

2. 매장의 변화

직원들과 함께 성장노트 강의를 들으면서 느낀 점은 '나와 상대방이 중요하게 생각하는 가치관이 다르고, 강점이 다르며, 원하는 것이 다르기 때문에 그동안 같은 공간에서 일하면서도 다른 행동을 했구나'라는 것에 대한 깨달음이었다. 이것을 깨우친 이후, 살롱드린에도 많은 변화가 생겨났다.

우리 매장만의 목표를 세우고, 우리의 가치관은 다르겠지만 살롱드린의 가치관을 만들어 한마음 한뜻으로 모으고, 직원들과 단합하여 시너지 낼 수 있는 공동목표들을 세웠다. 직원들을 단합하고 적재적소에 각자의 업무를 맡길 수 있는 부분도 생겼다. 내가 몰랐던 나를 알게 된 것처럼, 직원들에 대해 몰랐던 생각들을 알 수가 있게 되었고, 직원들의 강점 또한 더 잘 보이고 알게 되었다. 그렇게 되면서 직원들을 더 사랑하고 아끼는 마음이 생겨나고, 더 돕고 싶고 함께 더욱 성장하고자 하는 생각들이 생겨났다. 나뿐만이 아닌 직원들도 그 마음을 느끼고 함께 따라주니 매장에서는 많은 변화들이 일어나기 시작한 것이다.

내가 생각한 것보다 직원들은 더 큰 꿈을 꾸고 있다는 것을 알게 되면서, 이제는 직원들의 꿈을 응원하고 이룰 수 있게 돕는 것을 매장목표로 세우게 되면서 매달 최고 매출 기록을 갱신 중이다. 혼자 한다고 생각했을 땐 나 혼자 이리저리 뛰니 뜻대로 되지 않았는데, 함께 하니 모두가 함께 에너지를 내어주어 당연히 매출은 따라올 수밖에 없었다.

미용계에는 마인드 교육이 정말 중요하다는 것을 느꼈다. 시대가 빠르게 변화하고 있고 각 세대가 생각하는 가치관도 다르며, 미용도 서비스 직이다 보니 일보다 사람 때문에 스트레스를 받는다는 직원들을 많이 보았다. 따라서 내가 어떤 사람인지, 어떤 것을 좋아하고 어떤 것을 불편해하는지, 내가 어떤 점을 더 계발하면 행복하게 살 수 있는지를 알 수 있도록 민지 원장의 〈성장노트〉와 같은 마인드 교육이 미용계에 필수라고 생각한다.

살롱드린은 민지 원장의 성장노트 마인드 경영 교육을 듣고 난 후 새로운 직원들이 채용될 때마다 성장노트를 활용하여 매장 내에서도 간단하게나마 마인드 교육을 하고 있다. 눈뜨고 출근해서 일하고 퇴근하는 일반적인 일상을 탈출해, 내가 지향하는 목표를 정하고 그 목표를 위해 하루하루를 의미있게 살아갈 수 있게 된 우리 매장 직원들과 서로 도와가며 응원하고 배려할 수 있게 된 매장의 분위기를 보며, 마인드 교육은 이제는 선택이 아닌 필수라는 생각을 계속 하고 있다.

살롱드린은 이제 오너 개인의 것에서 벗어나 매장 직원 모두가 함께 일구고 있는 브랜드이다. 처음 1인 미용실을 오픈했을 때는 '고객님께 예쁘게 머리를 해드리고 열심히 돈 많이 벌어야지'가 우리 살롱이 지닌 단순한 미용의 방향이었다면, 이제는 직원들을 돕고 성장시킴으로써 매장이 성장하고 고객에게 선순환되어야 한다는 생각을 바탕으로 서로를 바라보며 같이 성장하는 것을 목표로 두고 있다.

”

이 사례를 보며 너무 뭉클했던 이유는, 보통은 브랜드가 오너의 것이라고 생각하는 경우가 많은데, 브랜드는 고객의 것이고 함께 일궈가는 모든 이들의 것이라는 것을 인정하는 순간, 모든 가치관과 목표들이 바뀌게 된는 점을 깨달았기 때문이다. 처음에 나 또한 미용실을 오픈했을 때는 '김민지 살롱' 처럼 샵이 나만의 것이라는 생각이 너무 강했는데, 이제는 고객에게 더 물어보고, 고객이 찾아주는 살롱이 되게 하고, 그것들을 모든 직원들이 인지하고, 직원들과 함께 키워나가는 과정들이 값지고 가치가 있다는 생각을 많이 하고 있다. 그리고 〈살롱드린〉도 성장노트 마인드 교육을 통해 그 가치를 함께 공유하게 된 것 같아서 감사하고 행복하다.

내가 살롱 경영을 하던 1~3년 차 초보 경영인 시절에는 정말 정답을 모르겠어서 매일 밤 울며 잠들었다. 심지어 밥을 먹어도 항상 체하고, 불안하고 힘들었던 시절이 기억난다. 그러다 보니 다른 살롱 경영인들도 마찬가지로 직면하고 있을 그런 문제들의 해결에 조금이라도 보탬이 되고 싶었다. 그리고 이렇게 전국에 많은 미용인들에게 나의 성장노트 마인드 경영 교육을 전할 수 있어서 감사하다. 앞으로도 미용 초보 경영인들에게 조금이나마 보탬이 되고 싶다. 서로 도움을 주고 성장할 수 있는 미용계가 되길 희망한다.

CASE 2.
〈유이프〉 사례

마인드 경영이 중요한 이유를 또 다른 사례인 〈유이프〉의 경우를 들어 말해보겠다. 유이프는 강남 유명 살롱 브랜드인데, 블로그가 한참 유행하고 sns 스타들이 유행했을 때의 인스타 마케팅으로 유명해진 두 원장님들의 블로그와 인스타를 보고 고객들이 넘쳐나게 되면서 매장을 오픈 하게 되었다.

오픈했을 때도 구성원들과 함께 고객을 케어하는 느낌보다는 원장님 두 분이 너무 유명해져서 그분들이 필드에서 가장 많이 뛰는 형태로, 원장님들의 매출 중심으로 매장이 운영되었다. 그리고 시간이 흐르자 함께 하고 싶다는 직원들이 많아져서 최선을 다해 그들을 하나부터 열까지 모든 노하우 쏟으며 가르쳤다.

그런데 그렇게 교육한 시간이 어느 정도 지났을 때, 성과가 많이 나기 시작만 하면 직원들이 어김없이 그만두고 이탈했다고 한다. 그러다가 결정적으로, 집단 퇴사를 하는 일이 발생하게 되어 나에게 전화가 와서 어떻게 해야 할지 자문을 구하셨다.

그때 말씀하시기를, 강남에서 일궜던 모든 것 다 버리고 작은 동네로 들어가고 싶다고 하셨다. "이제는 몸도 맘도 너무 지친 상태이다. 포기하고 싶다"라고 하셨다.

두 원장님들은 직원들이 처음엔 너무 부족하고 미숙하지만, 하나부터 열까지 우리의 느낌, 우리가 그동안 일궜던 것을 최선을 다해 가르쳐 주면 잘 따라올 것이고, 그들이 돈을 많이 벌고 성공하게 되면 그게 우리의 행복이며 우리의 사명이라 생각했었는데, 이리 모두가 이탈하고 보니 '그것은 우리들만의 착각이었구나, 진정한 행복이 아니었구나, 방법이 틀렸구나'라는 생각을 하게 되었다고 하셨다.

우리는 전화를 몇 시간 동안 진행했고, 따로 만나서 새벽내내 마인드 경영에 대해 이야기하기 시작했다. 나 또한 성장마인드 경영을 하기 전에는 직원들이 왜 퇴사를 하는지도 몰랐고, 내 매장이 왜 내 맘처럼 흘러가지 않는지에 대해 몰랐다. 내 경우에도 결정적으로 성장 마인드 경영을 도입하게 된 것은 2호점을 강남 신사역에 오픈했다가 실패한 것이 계기였다. 그때 내 생각과 달리 사업 실패로 이어져 큰 충격을 안고 경영 공부를 시작하게 된 것이다. 대기업을 상대로 경영 교육을 해주는 기관을 몇 개나 다니며 내게 뭐가 부족한지를 공부하고 배웠다.

그 결과, 답은 하나, 바로 '나'였다.

디자이너 생활하며 매출을 잘해서 매장 오픈을 하는 것이 아니라, '사업을 한다'는 정의, '경영을 한다'는 정의를 처음부터 제대로 세우고, 매출을 향해 달려가는 것이 아니라 회사를 만들고 이끌어 가는 고객에게 가치를 줄 수 있는 경영을 해야 한다는 것이다. 내가 어떤 살롱을 만들 건지, 고객에게 전할 수 있는 슬로건은 뭔지, 가치들은 뭔지, 그것을 직원들과 어떻게 나눠 어떤 브랜드를 만들어나갈 것인지에 대한 적립이 필요했던 것이다.

이런 이야기를 쭉 하는데, 원장님이 다음과 같은 이야기를 해주셨다.

뭐가 문제였을까를 생각해 봤는데, 결정적으로 '대화'가 없었다고 하셨다. 마케팅에 대한 부분만, 매출 잘하기 위한 방법만 소통하고 가르쳤지, 그 외에 우리의 가치, 슬로건, 우리는 누군지, 우리가 왜 성장해야 하는지, 이런 것들에 대해 소통한 적 없었다는 것이다. 그렇기 때문에 직원들은 불만이 늘어나고, 그것을 피드백할 시간을 가져 본 적이 없기에 계속 쌓여만 가고, 성과가 나기 시작하면서 그간의 불만을 수용하지 못하다가 이야기를 나눠볼 생각 없이 바로 이탈로 이어졌다고 하셨다.

거의 전원이 이탈하고 반 년간 뭐가 문제일까를 정말 많이 고민하셨다고 한다. 초반에는 매장을 정리하고 싶었고, 그에 앞서 마지막으로 비슷한 일을 겪은 나에게 전화를 해서 그때 어떻게 하였는지 물어보셨다. 나보다 훨씬 매출도 많이 하시고 브랜드적으로도 유명하신 분이다. 내가 더 대단해서 이야기를 해드릴 수 있는 것이 아니라, 먼저 경험을 해보았기 때문에 나는 솔직히 이야기를 전해드렸다. 진심으로 '다시 해낼 수 있다'는 조언을 드렸다. 포기하지 마시라고 조언을 드렸다. 내 인생이 아니라 함부로는 말을 못 하겠지만, 성장마인드 경영을 한 번 해보시라고 조언을 드렸다.

그 후로 두 원장님들은 직원들과 소통을 많이 하기 시작했다고 하셨다. 매월, 매주, 심지어는 쉬는 시간이 날 때마다 그들이 어떤 성장을 하고 싶은지, 매출, 숫자가 아닌, 처음으로 성장에 대한 이야기를 수시로 했다고 했다. 이야기를 하면서 직원들과 책도 보고, 성공학 영상도 보는 동시에 '우리에게 필요한 것이 뭘까?'를 함께 고민했다고 했다. 그러자 직원들이 정말 행복해하며 잘 따라와 주고, 함께 하고자 하는 의지도 보여주면서 희망을 느꼈다고 한다.

흔히들 안 좋은 일이 생기면 남의 탓을 하기 바쁜데 두 원장님들은 자신들의 브랜드를 너무 사랑해서 본인부터 180도 바꾸고 새롭게 해나가는 모습이 너무 존경스럽고 감동적으로 느껴졌다.

나중에 다시 연락이 와서 이야기 해주셨던 말씀이, '이 직원이 왜 유이프에서 일을 할까, 어떤 걸 향해 가고 있을까, 우리랑 가치관이 맞을까? 우리가 함께 힘을 내서 같이 가보자.' 라는 등에 대한 중요한 이야기를 안 했었던 것 같다고 하셨다. 마케팅, 매출 올리는 방법, 이런 것도 다 좋은데, 정작 뭐가 중요한지 놓치고 있었다는 것이다. 같이 근무하면 나의 마음을 알 거라고 생각했단다. '말 안 해도 알겠지'는 자신들의 착각이었다고….

이제 두 원장님들은 브랜드만의 가치관, 슬로건을 확실히 정하고 경영 방법을 달리하고 있다. 우리가 누구인지, 우리가 고객에게 존재해야 하는 이유는 무엇인지, 어떤 가치들을 줄 수 있는지에 대해 직원들과 충분히 이야기한 다음, 브랜드 마케팅은 그 후에 알려주기 시작했다.

옛날에는 마케팅과 성과만 이야기했지만, 지금은 이 사람이 앞으로 어떻게 해야 하는지, 지금 이 사람에게 맞는 게 뭔지에 대해 물어보고 결정하며, “해보자” 하고 믿어주는 방향으로 180도 바뀌었다고 한다.

직원들과 이야기하면서 큰 위로도 얻는다고 한다. 왜 고객을 중요하게 생각해야 하는지, 우리가 왜 우리인지를 직원들과 이야기하는데, 한 직원이 “원장님들이 늘 한결같이, 지금까지 그렇게 하셨잖아요. 행동으로 보여주셨잖아요. 저는 알고 있었어요.”라고 하더란다. 정작 본인들이 정확히 규정하지 못한 것들을 혼자 남았던 애제자 한 명이 이야기해주더라면서, 거기에 위로와 감동을 받았다고 했다.

그때부터 모든 선생님들과 그 생각들을 공유했다고 한다. ‘왜 해야 하는지’를 알려주고, “누구나 노력하면 성장할 수 있는 환경을 만들 수 있다. 우리의 가치를 보여주자.”라고 독려하며 성장 마인드 경영을 실천했다. 그러자 애제자 1명 빼고 전원이 퇴사했던 이 브랜드는 경영 철학을 바꾼 후 단 6개월 만에 남은 소수의 인원으로 이전 매출의 2배를 뛰어넘게 되었다.

이 변화를 맛본 뒤, 원장님이 너무 행복한 목소리로 나에게 이 이야기를 전해주었을 때, 나 역시 알 수 없는 감동과 눈물이 맺혔다. 내 일처럼 기뻤으며 행복했다. 그리고 원장님의 다음과 같은 말이 생각났다.

“내가 성장하려면 내 노력도 중요하지만, 주변인들의 도움이 필수적이다. 동료에 대한 고마움, 함께 성장하는 이들의 고마움, 이것을 표현해야 한다.”

나도 동의하는 부분이다. 우리는 미용을 하며, 미용실을 운영하며 너무 많은 한계와 힘든 상황에 부딪히는데, 그때 혼자 해결하려 하지 말고 함께하는 이들에게 서로서로 도움 요청하며 같이 성장하기를 권한다.

한편, 어떻게 최대 인원이었을 때에 비해 매출 2배 성장을 했는지, 어떤 노력을 하셨는지 여쭤보았다. 그러자 답변은 이러했다.

첫째, 앞서 이야기했던 대로 ‘우리 리더가 먼저 변하자, 우리가 먼저 보여주자’라고 생각하며 스스로 180도 바뀌었고, 마케팅 이야기만 하는 것이 아닌 우리의 가치, 사명, 우리가 누구인지, 우리가 성장해야 하는 이유에 대한 소통을 끊임없이 했다고 한다. ‘내가 이렇게 할 때마다 동료들도 나를 따라하겠지’라고 생각하며 행동 하나하나, 말 하나하나 조심했다고 한다.

둘째, 고객을 만날 때는 10시에 오는 고객이든 4시에 오는 고객이든 시간에 상관없이, 힘든 기색 없이 텐션을 똑같이 보여주도록 노력했다고 한다. 해당 고객은 나를 처음 만난 고객이니 4시가 되었다 해서 힘든 티를 내면 안 된다는 것이다.

이런 수칙들을 직원들과 공유하며 살롱 고유의 문화를 지켰다고 한다. 그러자 직원들도 처음에는 고객을 사랑하는 마음, 귀히 여기는 마음이 부족했다 할지라도 살롱의 가치를 함께 공유하고 나니 이제는 그런 맘이 생겼다는 것이다. 덕분에 이제는 직원들도 고객님들에게 진심을 다하는 디자이너라고 스스로 소개한단다.

셋째, 고객과의 소통, 관계성에 대한 강조이다. 옛날에는 마케팅 차원으로 '누가 왔다', '누가 와서 매출 얼마를 했다'는 등의 이야기를 했다면 이제는 내가 그 고객이랑 어떤 '소통'을 하고, 어떤 '관계'를 만들어나가며, 어떤 '보람'을 느꼈다는 것에 대해 이야기한다고 했다. 이야기의 종류가 달라진 것이다. 이는 곧 성장의 본질이 예전의 '마케팅 중심 본질'로부터 지금은 '사람 중심'으로 달라졌음을 보여준다.

이는 유이프의 슬로건이나 사명, 핵심가치 등에도 잘 드러난다.

유이프 슬로건 / 사명 :	좋아하는 일을 가치 있게 행복하게 하는 사람들의 이야기. *일과 삶이 일체.
내부적으로 핵심 가치:	성장 / 감사 – 고객에게 감사, 동료에게 감사

처음에는 살롱에 안 좋은 일이 생겼다는 것 자체가 너무 부끄럽고 창피하며, 다른 사람들의 시선이 무섭고 받아들이기 힘든 현실이라 생각했는데, 지금은 남들 시선 생각하지 말고 우리 안에서 다져야 한다고 마음먹은 이후로 부정하지 않고 이 현실을 수용하며 성장할 수 있다는 믿음 하나로 이겨낸 것 같아 너무 행복한 상태라고 한다.

앞으로 유이프 방향성에도 확신이 든단다. 이전과 다르게 단단해진 모습 때문에 직원 채용도 계속해서 되고 있고, 함께 하는 직원들과 깊은 소통도 하고 있으니 앞으로가 기대가 된다. 때문에 요즘엔 모든 것이 감사하고 소중하다. 고객님들께도 이런 맘을 전달해드리고 싶어서 더 진심을 담아서 서비스하고, 디자이너들도 과거에는 바쁘면 인턴들에게 꾸짖기 바빴는데 지금은 퇴근할 때 도와준 한 사람 한 사람 모두 직접 고맙다고 이야기하고 퇴근을 한다. 또 원장님마저도 다른 디자이너들이 바쁘면 디자이너 대신 고객들 샴푸도 하고, 인사하고 초콜릿을 나눠드리면서 행복한 미용을 하고 있다

고객 역시 원래는 항상 원장님에게 예약만 고집하시던 분들도 살롱의 분위기가 너무 좋아지니까 다른 선생님들에게도 가고, 이런 분위기 속에서 유이프의 느낌을 살린 브랜딩이 시작됨을 느끼고 있다. 과거의 유이프는 원장님이 유명해서 알려진 브랜드였다면, 이제는 유이프가 배출한 인재가 유명해지는 공간, 브랜드로 바뀌고 있다.

이처럼, 유이프의 사례를 통해서 보듯, 매출 중심도 좋지만, 사람을 따뜻하게 하고 사람을 아름답게 하는 우리 직업에는 마인드 경영이 꼭 필요하다고 생각한다.

MZ세대 직원들을 움직이고 싶은 원장님들께

8년 차 매장을 운영하며 90% 가까이가 MZ세대의 직원들이었다. 미용실을 운영하다 보니 가장 많이 느껴지는 것은 미용 세대가 예전과 너무 많이 달라졌다는 것이다. 예전에 미용하던 방식과 지금의 미용 트렌드, 미용실 운영, 미용인들의 가치관, 모든 것이 다 바뀌었다. 미용산업 자체가 많은 발전을 이뤘다기보다 미용인들의 발전이 정말 많이 이루어진 것으로 느껴진다. 미용기술에 대한 것도 어느 정도 변화가 있겠지만 지금의 미용인은 마케팅이면 마케팅, 브랜딩의 영역, 강사의 영역, 기술과 서비스의 영역 리더십의 영역 등 모든 부분에서 멀티플레이어가 되고 있고, 미용이라는 분야로 인해 더 다양하고 더 폭넓은 시야를 가지고 꿈을 좇고 있다.

반면 그로 인해 점점 더 다양한 미용인들 다양한 세대가 충돌하는 일이 발생한다. 서로 다른 세대들이 미용실 안에서 고객을 만나고 함께 함에 따라 서로 잘 이해가 잘 되질 않는다고 한다. 기성세대 원장님들은 '요즘 친구들'이라는 이야기를 하고, 지금 MZ세대 직원들은 '기성세대' 원장님들의 이야기가 잘 공감할 수 없는 부분들이 많다.

미용계에서의 현상 또한 인구는 줄어들고 그 와중에도 미용을 하려는 인구 또한 더더욱 줄어들고 있다. 따라서 인원이 부족한 상황에서 서로 다른 세대들이 충돌하니 미용실에서 인간관계 때문에 그만두고 싶어 하는 사례들이 점점 늘어나고 있다.

전국을 다니며 미용인들을 만나보니 개개인의 강점으로 인해 다 각자 자신이 원하는 방향성이 너무 다양하고, 예전보다 훨씬 다양하고 다양한 가치관을 가진 사람들이 많아졌다. 예전에는 정답이라고 여겼던 것에 대해 지금은 '정해진 정답이란 없고 다만 찾아가는 것'이라는 주장을 하는 미용인들이 많아졌기 때문이다.

기성세대에서는 역사와 체계를 더 중요하게 생각하지만 현 MZ세대 직원들은 나만의 이미지 구축, 아이덴티티, 브랜딩, 실질적인 것에 대해 더 관심이 많다.

너무 다른 생각과 가치관이 그들을 충돌하게 하는데 '어느 한쪽 말이 맞다'가 아닌, 미용산업을 더 발전시키고 성장시키기 위해서는 두 세대 간의 협업이 굉장히 중요해 보인다. 상대방 세대를 이해할 필요가 있다. 서로를 존중해 주면 미용산업이 더 많이 발전할 것이고, 미용이 어려워서 하기 싫은 직업이 아니라 하고 싶은, 지원율이 높은 직업이 되리라 생각한다.

현시대를 살기 위해 변화할 것은 변화하고 혁신해야 할 필요가 있다. 낯선 것은 나쁜 것이 아니라 이 산업 자체를 성장시키며, 고립되고 정체된 것을 더 혁신시킬 수 있다.

8년 동안 MZ세대 직원들과 미용실을 운영해 보니 그들은 프레임에 갇혀 있지 않다. 굉장히 생각이 자유롭다. '그건 안 돼. 그렇게 해본 적은 없었어. 그렇게 하는 사람은 없어. 그건 룰에 어긋나는 행동이야.'라고 규정하지 않고, '왜 안 돼? 할 수 있을 거 같은데? 이런 새로운 방법을 시도하면 어때?'하며 생각부터가 자유롭다.

나는 내가 앞으로 끌고 갈 〈217〉이라는 브랜드가 젊고 영한 성장하는 사람들의 모임이기 때문에 지금의 〈217〉을 함께 이끌어갈 리더 역시 다 20대로 뽑았다. 이것을 보며 많은 미용인들이 "어떻게 20대 초반 직원들이 〈217〉의 원장이 될 수 있어? 경력이 부족해. 경험이 부족해. 나이가 어려." 등등 안되는 이유를 수없이 이야기했다.

하지만 나는 경험이 부족한 것보다, 나이가 어린 것보다 열정이 없는 것이 더 무섭다. 직원들의 눈빛에 살아 숨 쉬는 광기가 있어야 한다. 물방울로도 바위를 뚫어버릴 것 같은 당당하고 기세 있는 눈빛이 필요하다. 〈217〉의 직원들에게는 그 눈빛이 있다. 미용에 대한 넘치는 사랑과 고객을 향한 열정, 실력은 부족해도 꼭 하고야 말겠다는 강한 기세. 그것이 브랜드를 혁신시킬 거라 믿는다.

내가 운영하는 〈217〉이라는 브랜드의 핵심가치는 이런 것들이기에, 나는 나이가 어려도, 경험이 부족해도 그것은 브랜드에서 케어해 줄 수 있는 부분이라 생각하고 〈217〉의 지점 리더를 맡기게 되었다. 전주점도, 연산점도, 전주 신시가지점도 다 20대의 원장들이다. 심지어 21세의 원장도 있다.

매장마다 콘셉트와 가치가 달라서 무조건 이렇게 하라는 이야기는 아니다. 단 미용산업에도 조금 더 새로운 발전과 혁신들이 필요하다. 늘 해오던 방식이 아닌 새로운 방식들이 많이 나와 도전하고 혁신하는 산업이 되길 희망한다.

그렇기 위해서는 원장님들이 직원들을 믿어주고 그들의 강점을 개발해주며, 그들이 가진 것을 더 성장시킬 수 있는 발판을 마련해줘야 한다. 가장 중요한 것은 그들을 인정하는 것. 그들은 결코 어리지도, 경험이 부족하지도 않다. 10대부터 미용을 했으며, 인생의 모든 시간을 미용에 쏟으며 미용만을 사랑하며 이 일을 하고 있다. 그들이 잘하고 하고자 한다면 믿고 함께 시너지를 내는 경험을 해보기를 바라는 마음에 글을 썼다.

나는 그들이 부족한 것을 케어해 주고 그들과 시너지를 내며 가고 있다. 우리는 부족하고 경험이 풍부하진 않지만, 간절하고, 원하고, 갈망하고, 끊임없이 성장하고, 24시간을 이 업에 미쳐있는 사람들이다.

이렇게 매일 매일 성장하길 희망하는 사람들끼리 모여 〈217〉을 이끌어 나가고 있다.

나와 함께 하는 동료를 믿고 지지하자.

경영자가 먼저 무한 신뢰를 보여주자.

그것이 서로가 서로를 변화시키는 유일한 방법이다.

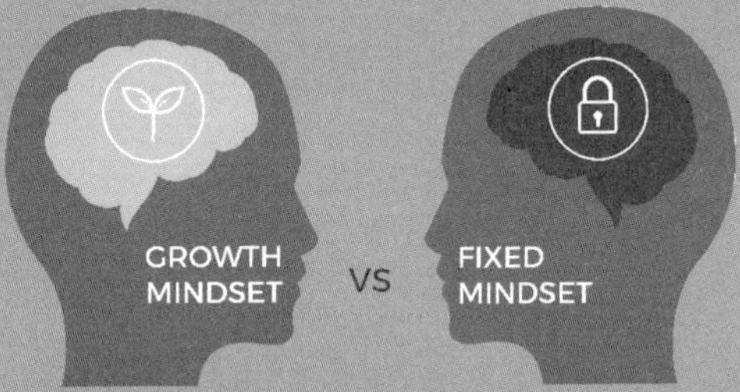
GROWTH
MINDSET
VS
FIXED
MINDSET

북큐레이션 • 판이 바뀌는 시대, 새로운 세상을 주도하는 이들을 위한 라온북의 책

《마인드 레볼루션》과 함께 읽으면 좋을 책. 기존의 경영이 통하지 않는 급변의 시대, 남보다 한발 앞서 미래를 준비하는 사람이 주인공이 됩니다.

체인지업 4.0

카이정 지음 | 17,000원

"데이터 경영+감성 경영"
MZ세대 헤어 비즈니스 마케팅의 모든 것

이 책 《체인지업 4.0, 헤어 비즈니스 시장의 판을 바꾸는 남자》의 저자 카이정은 위기 속에서 성장의 방향을 분명하게 제시하고 현실화한 헤어 비즈니스 업계의 대표적 인물이다. 세상 모든 것이 위축되는 코로나 위기 상황 속에서도 카이정헤어는 매출 3,000% 상승, 지점 수 8배 확장, 직원 수 13배 증원이라는 기적을 이뤄냈다. 그리고 이 책 속에 담긴 그의 비법은 비단 헤어 비즈니스 업계에만 국한되지 않고, 유사한 대면 서비스 업계에서는 누구나 본받아야 할 노하우라고 판단한다.

감탄(感歎) 경영

김민섭 지음 | 17,500원

대한민국 대표 헤어트렌드 리더에서 성공한 미용 경영인으로!
미용은 기술이 전부가 아닌 사람의 마음을 얻는 것

많은 미용인이 창업을 하지만 30년 동안 유지되는 미용실은 2%에 지나지 않는다. 나머지 98%는 30년이 되기 전에 문을 닫는 셈이다. 그러면 2%에 들려면 어떻게 해야 할까? 저자는 그 2%는 초기 2년 안에 판가름 나며, 그 기간에 30년 가는 미용실을 운영할 수 있는 실력을 키워야 된다고 한다. 30년 가는 미용실을 운영할 수 있는 실력과 비법, 헤어디자이너로 성장할 수 있는 노하우, 10개 파트너 살롱을 성공적으로 운영하고 있는 헤어살롱 시스템과 마케팅에 관한 비결을 〈감탄感歎 경영〉에서 확인할 수 있다.